# 速效拉伸

## 疼痛消除和损伤预防的法宝

宋敬东 / 著

天津出版传媒集团

天津科学技术出版社

图书在版编目（CIP）数据

速效拉伸：疼痛消除和损伤预防的法宝 / 宋敬东著. —天津：天津科学技术出版社，2023.6（2023.12重印）
ISBN 978-7-5742-0961-9

Ⅰ.①速… Ⅱ.①宋… Ⅲ.①健身运动—基本知识 Ⅳ.① G883

中国版本图书馆 CIP 数据核字（2023）第 051631 号

---

速效拉伸：疼痛消除和损伤预防的法宝
SUXIAO LASHEN TENGTONG XIAOCHU HE SUNSHANG YUFANG DE FABAO

| | |
|---|---|
| 策 划 人： | 杨 譞 |
| 责任编辑： | 孟祥刚 |
| 责任印制： | 兰 毅 |
| 出　　版： | 天津出版传媒集团<br>天津科学技术出版社 |
| 地　　址： | 天津市西康路 35 号 |
| 邮　　编： | 300051 |
| 电　　话： | （022）23332490 |
| 网　　址： | www.tjkjcbs.com.cn |
| 发　　行： | 新华书店经销 |
| 印　　刷： | 三河市华成印务有限公司 |

---

开本 880×1230　1/32　印张 6　字数 140 000
2023 年 12 月第 1 版第 3 次印刷
定价：38.00 元

# 前言
## PREFACE

　　拉伸是一种旨在提高身体柔韧性的训练方法，也是一种非常方便的健身方法，随时随地都可进行，非常适合生活节奏快、压力大的现代人群。相比其他运动来说，拉伸有着天然的优势。它动作简单，即学即用，不受时间、地点的限制。只要你愿意，任何时间、任何地点都可以拉伸：工作的时候，在汽车里的时候，等公交车的时候，在路上行走的时候，远足之后在阴凉的树荫下休息的时候，或者在海滩上玩耍的时候。只要你有这个意识，随时随地拉伸几下，就可享受到拉伸的益处。

　　正确而有规律的拉伸有助于缓解肌肉紧张，使身体更加放松；可使身体更加轻松自如地运动，从而提高身体的协调性，预防肌肉扭伤等一般性运动损伤；有助于使跑步、游泳、网球等高强度运动变得更加容易；有助于保持现有的筋骨柔韧度，使你的身体不会因年龄的增长而变得僵硬。

　　拉伸，被称为不需要意志力的运动，即学即用的健康法，人人都可用的

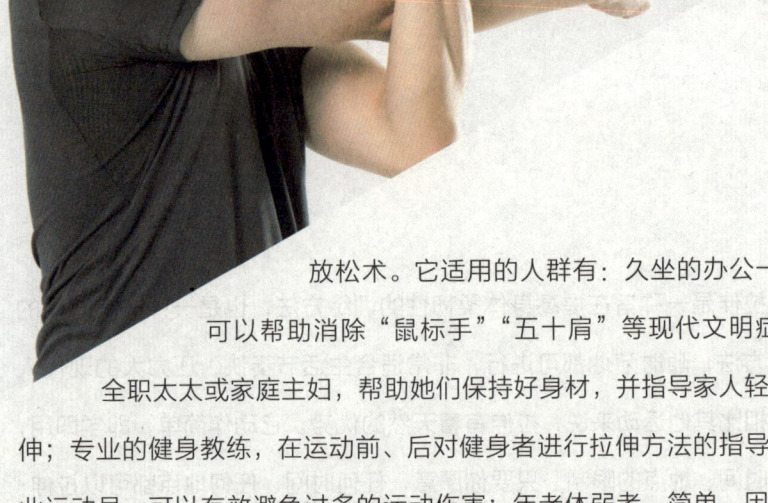

放松术。它适用的人群有：久坐的办公一族，可以帮助消除"鼠标手""五十肩"等现代文明症状；全职太太或家庭主妇，帮助她们保持好身材，并指导家人轻松拉伸；专业的健身教练，在运动前、后对健身者进行拉伸方法的指导；职业运动员，可以有效避免过多的运动伤害；年老体弱者，简单、因人而异的拉伸运动，可使气脉通畅、疲倦尽消。

让你充分利用零碎时间和空间，巧用墙壁、椅子等道具，随时随地运动起来。不管你是"无法维持运动习惯"的人还是"虽然想运动，却一直挪不出时间来"的人，只要你在乎自己的健康，就可以现在开始学做拉伸，进而培养自己的运动习惯，保持青春活力。

# 目录 CONTENTS

## 第一章　拉伸的基础知识

### 第1节 拉伸，人人需要的放松术
如何做才是"好的拉伸".......... 2
最流行的 PNF 拉伸 .......... 3
拉伸要跟着感觉走 .......... 5
塑身动态拉伸 .......... 9
立位拉伸法和卧位拉伸法 ......... 11

### 第2节 拉伸前后的热身与调节
拉伸中的注意事项 .......... 14
拉伸的程度宜"酸"不宜痛 .... 15

## 第二章　运动损伤预防拉伸

### 第1节 有氧运动拉伸
跑步 .......... 18
游泳 .......... 22
瑜伽 .......... 26
跳舞 .......... 29
健身球 .......... 34

### 第2节 球类运动拉伸
篮球 .......... 41
网球 .......... 47
羽毛球 .......... 53
排球 .......... 56
乒乓球 .......... 61

| 足球 | 64 |
| 呼啦圈 | 70 |

### 第3节 休闲运动损伤预防拉伸

| 跳绳 | 68 |
| 爬山 | 72 |
| 潜水 | 74 |

## 第三章　各种疼痛的拉伸消除方案

### 第1节 头颈部拉伸

| 缓解颈部酸痛拉伸 | 78 |
| 颈项部经筋痹病拉伸 | 80 |
| 肩周炎康复拉伸 | 83 |
| 肩部经筋痹病拉伸 | 88 |

### 第2节 腰背部拉伸

| 缓解背部疼痛拉伸 | 94 |
| 居家背部保健拉伸 | 95 |
| 防治腰肌劳损的拉伸 | 99 |
| 防治"空调腰"的拉伸 | 104 |
| 电脑族腰部保健拉伸 | 106 |
| 克服腰腿痛的皮筋拉伸 | 108 |
| 坐骨神经痛的办公室拉伸 | 112 |
| 缓解孕期腰背痛的拉伸 | 115 |

### 第3节 四肢拉伸

| 骶髋部经筋痹病拉伸 | 116 |
| 踝部经筋痹病拉伸 | 120 |
| 缓解腿部疲劳拉伸 | 122 |
| 防治老年性关节炎的拉伸 | 124 |
| 足部保健拉伸 | 127 |
| 指腕部经筋痹病拉伸 | 130 |

## 第四章　疲劳缓解的拉伸方案

### 第1节 上班族办公室拉伸

| 办公桌前的拉伸保健 | 134 |
| 电脑族脊背拉伸 | 139 |
| 拉伸小动作甩开"鼠标手" | 142 |
| 长期伏案者的颈部拉伸 | 143 |
| 消除疲劳的拉伸 | 146 |
| 上班族养护腰部的拉伸 | 148 |
| 午间休息的拉伸 | 152 |

工作间隙的肩部拉伸..............153

## 第2节 日常生活拉伸
"开车一族"的拉伸..............157
等车时的拉伸保健..............160
下班后的背部拉伸..............161
消除旅行疲劳的拉伸..............163
睡前放松拉伸..............165

下班后的家居拉伸..............167
做家务时的拉伸..............168
看电视也不忘拉伸..............170
儿童健脑拉伸..............173
白领男性简易拉伸..............176
老年人的脊骨养护拉伸..............178
防治老年骨质疏松的拉伸.......180

# 第一章
# 拉伸的基础知识

# 第1节
# 拉伸，人人需要的放松术

## 如何做才是"好的拉伸"

拉伸运动虽然是一种比较简便易行的热身活动，但是，拉伸的方法也有正确与错误，在做拉伸运动的时候要注意聆听身体的声音，不要逞强或者加快动作，以免误伤到身体。

正确的拉伸是放松的、持续的，伴有舒适愉悦的感觉。

### 1. 调整呼吸

在拉伸时，最先应当调整呼吸，使其顺畅、缓慢而富有节奏感。如果做身体前屈式拉伸动作，就应当在向前屈体时呼气，在保持姿势时吸气，拉伸时不能屏住呼吸。如果某个拉伸动作让你无法自然呼吸，那么这个拉伸动作肯定是错误的。这时就要放缓动作，以便自然地呼吸。

### 2. 准备拉伸

在开始一个拉伸动作的时候，先用5~15秒钟的时间进行拉伸准备。动作要缓慢，拉伸到感觉有轻微的拉伸张力时，保持一会儿，拉伸张力会慢慢消失。如果不是这样，那么就稍稍放松身体，调节到令你感到舒适的拉伸感。

### 3. 静态伸展

在舒缓中找到舒适的拉伸感后，就要跟着这种良好的感觉有规律地进一步拉伸。切记，动作依然不要太快。拉伸时要一点一点地移动身体，直到再次感觉到轻微的拉伸张力，然后保持这个姿势 5~15 秒钟。要控制自己的身体。拉伸感依然会慢慢消失，如果没有的话，就稍稍放松身体。

### 4. 跟着节奏走

让绷紧的肌肉放松需要时间，所以刚开始学习拉伸的时候，为了保持足够的拉伸时间，在做每个拉伸动作的时候，在心里默默地为自己数着节拍，就像做广播体操时数节拍一样。即使是熟练以后，也可以采取这种方式，因为节奏感可以让自己做起来更加轻松愉快。

### 5. 相信自己的感觉

拉伸的目的是放松。如果你的拉伸姿势正确，是不会有任何疼痛感的。而这里说的正确，就是你的感觉。如果感觉到疼痛，就是身体在告诉你，你有什么地方做错了。要及时纠正自己的错误姿势。而要做到相信自己的感觉，就要学会将注意力集中在身体上。

这样，身体自然而然地就会越来越柔韧，从而达到拉伸的目的。

# 最流行的 PNF 拉伸

拉伸在现代生活中的地位越来越重要，可以帮助人们缓解肌肉的酸痛，减少受伤的机会，增强身体活动功能，增进关节的血液及养分供应，改善体态和缓解腰背痛。当前最流行的拉伸就是 PNF 拉伸。

PNF 是 "Proprioceptive Neuromuscular Facilitationstretch" 的缩写，也就是"本体感受神经肌肉性促进法"，简称 PNF 拉伸。PNF 是 20 世纪 40 年代由霍文·贾帕发明的，20 世纪 70 年代鲍勃·安德森对该理论进行完善，20 世纪 80 年代出版《拉伸活动》一书，并提出了静态拉伸法，即拉伸肌肉到一定程度，然后保持这个姿势几秒钟。因为 PNF 拉伸对柔韧性有很强的改善效果，同时能提升力量，改善神经协调，所以越来越受到人们的欢迎。在这里，先给大家介绍两种简单易操作的 PNF 拉伸方法。

## 1. 收缩—放松

将右手臂弯曲，左手放在右手臂的肘部，左手轻轻用力带着右手肘部沿胸部拉向左侧，感觉有微微的拉伸感，然后肘部向相反方向拉伸，左手给其阻力，保持动作 4~5 秒。放松片刻之后接着将肘部向后方拉直到再次感到轻微的拉伸感，保持和缓拉伸 5~15 秒钟。将动作重复几次，左右手臂交替进行。

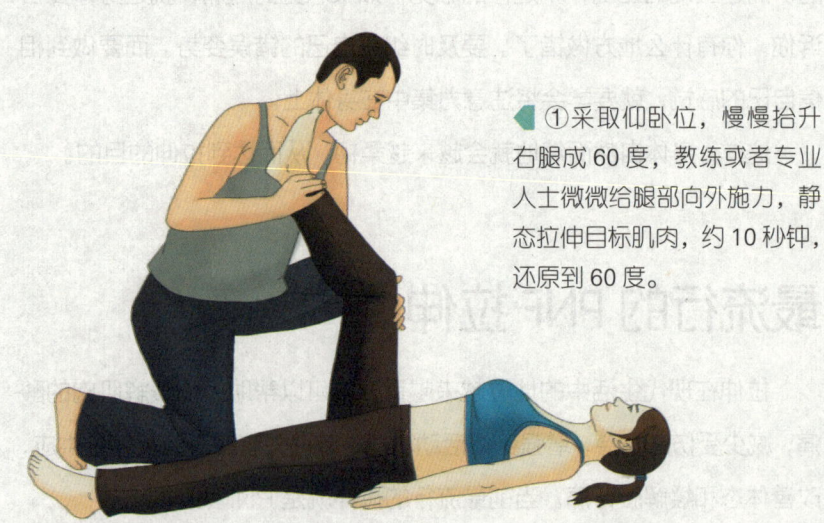

①采取仰卧位，慢慢抬升右腿成 60 度，教练或者专业人士微微给腿部向外施力，静态拉伸目标肌肉，约 10 秒钟，还原到 60 度。

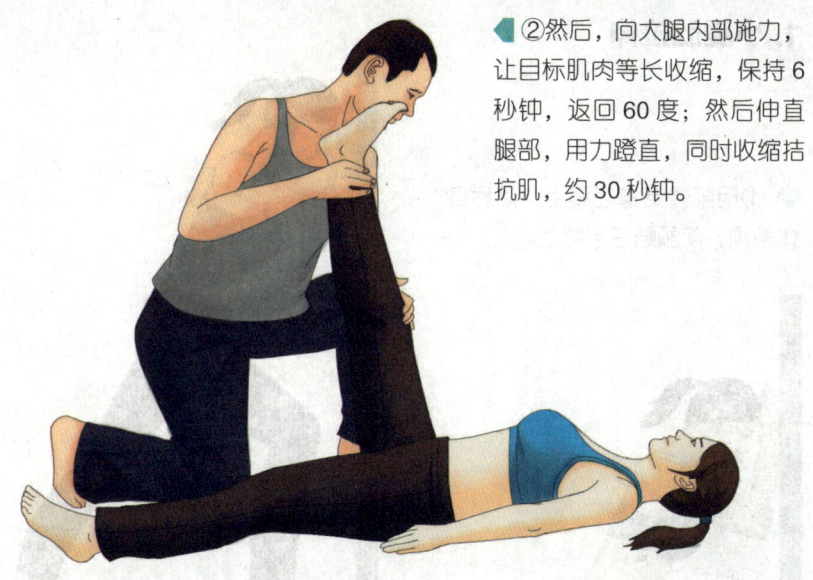

◀ ②然后,向大腿内部施力,让目标肌肉等长收缩,保持6秒钟,返回60度;然后伸直腿部,用力蹬直,同时收缩拮抗肌,约30秒钟。

**2. 静力—放松/拮抗肌收缩**

以上动作可以交替重复进行,完成3~4组,最后以静态拉伸结束。你会发现每次重复后的静态拉伸都比前一次要更深一些,肌肉伸展的效果会更好。

# 拉伸要跟着感觉走

静止拉伸,也称为"被动拉伸",指肌肉被拉伸到它可以自如行动的状态,并保持在那个状态一定的时间。静止拉伸可以渐渐地到达合适部位,你可以保持每一个拉伸动作10~30秒钟。静止拉伸更适合你在缓和阶段来做。当然,你也可以在热身阶段做一些轻微的静止拉伸。

下面介绍几种简单的静止拉伸供大家参考练习:

## 1. 小腿肚拉伸

💚 ①用前臂支撑在墙上,然后身体前倾,前额贴在手背上。

💚 ②一条腿屈膝,靠近墙面,另一条腿绷直,保持脚掌平贴地面且脚尖指向正前方或稍向内。接下来,脚的位置不变,慢慢将髋部向前移动,同时保持后腿绷直、脚掌平贴地面。此时,小腿肚肌肉会产生舒适的拉伸感,保持5~10秒钟。相反方向进行同样的拉伸。

## 2. 坐位腹股沟拉伸

如果感觉很舒适,慢慢将肘部放在小腿外侧,这样能帮助你保持稳定和平衡。在拉伸张力逐渐消失以后,缓缓加大拉伸幅度,强化拉伸的感觉。如果感觉疼痛,保持姿势15秒钟,然后缓缓放松。

拉伸时要注意以下几点:

▲ ①坐在地板上，双脚合十，两手勾住脚趾前端。

▲ ②上身由髋部开始慢慢前倾，直到腹股沟处感觉到轻微的拉伸。随着拉伸动作缓缓收缩腹部肌肉，保持5~15秒钟。

（1）保持静止状态的姿势时，缓慢而有节奏地呼吸。

（2）下颌和肩膀放松。

（3）从髋部开始前倾，腰部保持平直，两眼正视前方。

（4）错误的拉伸方法：从头部和肩膀处开始前倾。这种做法会使双肩内缩，增加腰部压力，出现疼痛感。

## 3. 拉伸大腿后腱和腰部

接动作2

▶ ①左腿保持弯曲，右腿伸直。左脚脚底贴住右大腿内侧。注意不要让右腿膝盖"锁住"。应该保持一条腿伸直另一条腿弯曲的姿势。

②由髋部开始前倾并呼气，直到产生轻微的拉伸感。保持这个姿势5~15秒钟。缓慢而有节奏地呼吸。然后，进行相反方向练习。

## 4. 平躺位腹股沟拉伸

注意：这个动作是很舒适的，不应有任何的疼痛感和紧张感。

仰面躺在地板上，双脚合十，两膝盖自然分开，放松髋部。由于重力作用腹股沟会产生轻微的拉伸感，保持40秒钟，深呼吸。

## 5. 伸长拉伸

这是最适合每天早晨起床之前做的拉伸动作。

具体做法如下：

平躺，慢慢伸直两腿，双臂伸过头顶，双手伸展，脚尖绷直，保持5秒钟，然后放松。重复上述动作3次。每次拉伸时微微收缩腹部肌肉，从而起到瘦小腹的效果，感觉会非常好。这个动作既拉伸了手臂、肩膀、脊椎、腹部，也拉伸了胸腔、双脚和脚踝的肌肉。

## 6. 腰部和大腿后部的拉伸

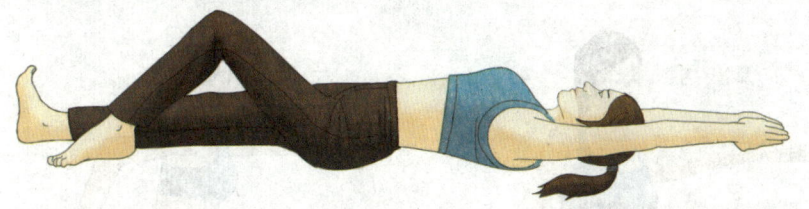

🔺 平躺，慢慢伸直两腿，双臂伸过头顶双手伸展，一条腿屈膝轻轻向胸部拉动，直到能够感觉到轻松拉伸，必要时可用双手辅助腿部的拉伸，保持30秒钟。拉伸时要保持呼吸通畅。

# 塑身动态拉伸

　　动态拉伸也被称为主动式拉伸，它是指通过一些动作拉伸肌肉。它把一些快动作变成了特别的拉伸动作。轻微动态拉伸运动是你做运动前进行热身的重要部分。热身活动过程中的动态拉伸应该与要做的健身或运动相符合。下面是动态拉伸的一些动作：

## 1. 单腿跪地，动态拉伸

▶ 将右脚向前跨出，左膝跪在瑜伽垫上或者地板上，右膝成90度（右膝膝盖不要超过前脚趾）。保持注意力集中，深吸气，将肚脐吸向脊椎，上提胸廓，臀部微微向前，在呼气的时候将左脚尖点地。保持这个姿势，数到3，然后放松。重复整个过程5次，然后，反方向做同样的动作。

## 2. 金鸡独立，拉伸股四头肌

▶ 左手用弹力带将左脚拉住，右手前伸，右腿单腿独立（注意：左手掌掌心向外，这将保证你的肩部成开放姿势）。

▶ 保持膝部对齐，调动腹肌，将肚脐吸向脊椎，将尾椎微微向下压。在呼气的时候，将左臀向正对方推出。保持这个姿势，呼吸3次。然后，反方向做同样的动作。

## 3. 仰躺于地，拉伸腿筋

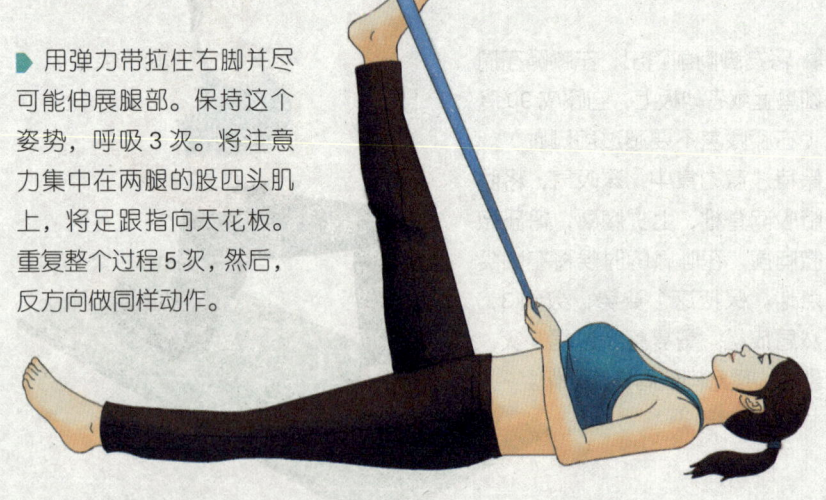

▶ 用弹力带拉住右脚并尽可能伸展腿部。保持这个姿势，呼吸3次。将注意力集中在两腿的股四头肌上，将足跟指向天花板。重复整个过程5次，然后，反方向做同样动作。

### 4. 脚掌相对，腰板挺直

◀ 取坐位，两只脚跟相对，将脚跟尽量靠近会阴部位。背靠墙壁，腰背挺直，深呼吸，想象你的尾椎一节一节地往上挺直。保持这个姿势，深呼吸10次。

# 立位拉伸法和卧位拉伸法

在现代社会，科技进步使生活舒适了很多，很多人都在使用电梯、汽车，导致运动量大大减少，筋缩也因此增加。那些长期坐着工作的白领们，筋缩的可能性大增。如果你觉得自己筋缩了，那么就该拉伸了。从拉伸的方式来说，可分为立位拉伸法和卧位拉伸法。立位拉伸法是指人们站着拉伸的方法，而卧位拉伸法就是指人们躺在床上或长椅上的拉伸方法。下面，我们就来具体介绍一下两种拉伸法的特点。

## 1. 立位拉伸法

中医认为，采用立位拉伸法可拉松肩胛部、肩周围、背部及其相关部分的肌腱、韧带，有利于肩颈痛、肩周炎、背痛等症的治疗。一般来说，立位拉伸法主要依赖门框来进行，具体步骤如下：

（1）先选定一个门框，举起双手，尽量伸展开双臂，按住门框外缘。

（2）一脚在前，站弓步，另一脚在后，腿尽量伸直。

（3）身体要与门框保持平行，抬头，平视前方。

（4）保持这个姿势3分钟，换另一条腿站弓步，同样站立3分钟。同样多次重复这个过程，但不宜使身体过于劳累。

## 2. 卧位拉伸法

卧位拉伸法主要用于拉松腰至膝后的筋腱，拉松大腿内侧韧带及大腿背侧韧带，也有助于放松髋部的关节，所以卧位拉伸法又称卧位松髋法。一般来说，卧位拉伸法要依赖椅子、茶几或床来进行，具体步骤如下：

（1）将两张安全稳妥、平坦的椅子或是一张茶几摆放在近墙边或门框处，或是选择一张两面靠墙边的床。

（2）坐在靠墙边或门框的椅子、茶几或床边上，臀部尽量移至椅子、茶几、床边。

（3）躺下仰卧，将靠里面的一条腿（左腿在里则用左腿，右腿在里则用右腿）伸直倚在墙柱或门框上，另一只腿屈膝，让其垂直落地，尽量触及地面，无法触及地面时可用书本等物垫在脚下。

（4）仰卧时，双手自然平放在椅子、茶几或床上，期间垂直落地的腿亦可做踏单车姿势摆动，有利于放松髋部的关节。

（5）保持这个姿势10分钟，然后再移动椅子、茶几靠在对侧的墙或门框，或是到床的另一靠墙的边，再依上述方法，换脚再做10分钟。

# 第 2 节
# 拉伸前后的热身与调节

## 拉伸中的注意事项

拉伸看似很简单的一些小动作,但是在进行拉伸的时候,一定要注意一些事项,不然,会损害身体健康。

### 1. 拉伸前,做点小运动来热身

对于拉伸前要不要进行热身活动很多人都存有疑问,那么如果拉伸前不进行拉伸活动会不会受伤呢?如果在拉伸过程中保持正确的姿势和舒适的感觉,是不会受伤的。但是,仍然建议大家在做拉伸之前做几分钟的热身运动,比如小跑步、甩甩手脚、左右转动身体等,目的在于升高体温,使肌肉与肌腱处于备战状态。舒活筋骨,增加身体的柔韧性,减少运动中身体意外损伤的发生。

### 2. 拉伸使猛劲,危害很可怕

拉伸的目的,是利用肌肉肌腱的弹性及延伸,刺激肌肉梭神经及肌腱感受小体的神经信息,而逐渐地增加伸展的潜力及忍受力。因此,无论是律动式或固定式(连续 30 秒以上)的拉伸,拉伸的动作都要缓慢而温和,千万不可猛压或急压,尤其忌讳在拉伸平常拉压不到的部位时,一些人为求速成而猛烈地急压,或他人施加外力帮忙,容易因用力不当,拉伤肌腱,对人体造成损害。

### 3. 别只拉伸一个肌肉群

有些人拉伸时只喜欢拉手部，或是只做拉脚部的运动，这样就会导致只有一个肌肉群运动，可能影响人体结构的平衡。从医学的角度来说，对同一个动作，可能有许多肌肉共同组成相同功能的群体，协同完成动作；但是这些肌肉，因为解剖位置的不同，可能需要靠不同的拉伸动作才能伸展到；除了协同肌，方向作用相反的拮抗肌也必须对等地拉伸；如果协同肌在拉伸时有漏网之鱼，在进行某些极限动作时便可能无法"登顶"而受伤；如果拮抗肌没有全部伸展，则在强烈收缩时失去平衡，也会使之受伤。因此，人们在拉伸时不能总是拉伸某一个肌肉群，而要让身体全方位都享受拉伸的养生保健功效，以维护人体的平衡。

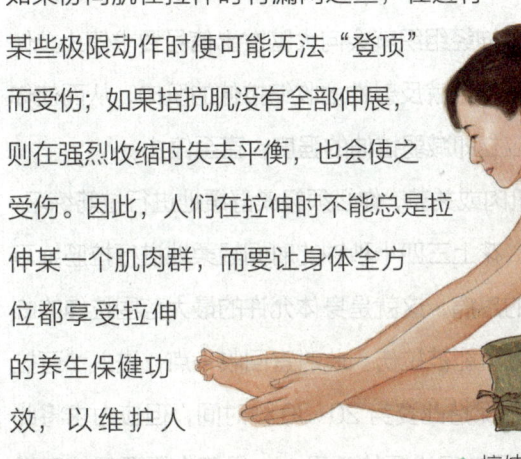
▲拉伸时不要只拉伸一个肌肉群。

## 拉伸的程度宜"酸"不宜痛

拉伸是一个循序渐进的过程，不能猛力拉伸，以免拉伤肌腱。具体来说，就是要求人们拉伸的程度以感觉有点"张力"或"酸"为宜，绝对不能到"痛"的程度。从医学的角度来说，拉伸时产生"张力"或"酸"的感觉，是肌肉感觉神经元正确地反映出了拉伸的效果；但拉伸到"痛"的感觉，便已接近受伤，此时如果继续拉伸，就可能造成关节和肌肉活动范围过大，导致自身的伤病。

更具体一点来讲，是因为每个人的生命都赋予身体两种保护功能，它们都是特殊的神经细胞。一种类型的神经细胞在肌肉过度拉伸时会把信号传递给大脑中枢；第二种神经细胞是保护性机能的一部分，被称为"拉伸反射"。当第二种神经细胞感到某种拉伸动作过快时，大脑中枢神经就反射性地收缩拉伸的肌肉，其作用恰如汽车的"减震器"，在肌肉可能被拉伤之前使动作变缓直至终止。当你过度地拉伸某一块肌肉，开始产生"拉伸反射"时，神经组织就会向大脑发出信号要求停止拉伸或减弱拉伸强度，大脑中枢神经就反射性地收缩拉伸的肌肉，从而使你产生"痛"的感觉。此时应立即减弱拉伸的强度，直至停止。

总之，为了充分拉伸肌肉或关节，你必须轻柔舒缓地进行拉筋练习，以避免产生"拉伸反射"。花上三四十秒钟的时间轻柔地进行拉筋练习直到拉伸的肌肉产生轻微的疼痛，这就是身体允许的最大范围拉伸的临界点，过了这个点，肌肉就可能被拉伤。此时宜回收一点，进入"可拉伸区域"，让疼痛消失，并保持此姿势 20~30 秒时间，但应力求将此姿势保持 1~2 分钟，这时要进行浅短的呼吸——尽管你需要保持正常的呼吸节奏，最后达到身心的完全放松。你可以在休息 1 分钟后重复此动作，亦可进行下一项练习。

# 第二章
# 运动损伤预防拉伸

# 第1节
# 有氧运动拉伸

## 跑步

跑步可以促进身体器官的健康,增强心、肺、血液循环系统的功能及其耐久力,而心血管系统的健康是身体健康的重要标志。

跑步的健身作用主要有:

### 1. 增强心肺功能

跑步对于心血管系统和呼吸系统有很大的影响和作用。青少年坚持跑步锻炼,可发展速度和耐力,促进心肺的正常生长发育。中老年人坚持慢跑,就是坚持有氧代谢的身体锻炼,可保证对心脏的血液、营养物质和氧的充分供给,使心脏的功能得以保持和提高。

### 2. 促进新陈代谢,有助于控制体重

跑步既可促进新陈代谢,又可消耗大量能量,减少脂肪存积。对于那些消化吸收功能较差而体重不足的体弱者,适量的跑步就能活跃新陈代谢功能,改善消化吸收,增进食欲,起到适当增加体重的作用。可见跑步是控制体重、防止超重和治疗肥胖的极好方法。

### 3. 增强神经系统的功能

跑步对增强神经系统的功能有良好的作用,尤其是消除脑力劳动的

疲劳，预防神经衰弱。跑步不仅在健身强心方面有着明显的作用，而且对于调整人体内部的平衡、调剂情绪、振作精神也有着极好的作用。

跑步是一项实用技能，运用它锻炼身体，对正在成长的青少年来讲，是发展速度、耐力、灵巧、协调等运动素质，促进运动器官和内脏器官机能的发展，增强体质的有效手段。

跑步对人体有很多好处，希望拥有健康的人可以经常跑跑步，跑步前最好做一些拉伸运动，以避免在跑步锻炼时对身体造成不必要的伤害。拉伸方法如下：

## 1. 脚跟练习

（1）将身体的重心放在两脚之间，使两脚受力均衡。

膝盖弯曲，身体向后慢慢倾斜，脚尖抬离地面，使身体重心落在脚跟上。

（2）身体慢慢前倾，使重心透过脚底平稳地向前移动，落到脚尖。

（3）以整个脚跟—脚尖重心移动为一次练习，反复进行12次。

## 2. 停顿练习

（1）像正常走路一样向前迈出一步，在迈出到脚跟着地之前停住，这时候脚要离地面8厘米高，同时脚尖抬起指向天空。

（2）慢慢地从1数到3，同时尽力使脚尖保持向后勾的姿势。

（3）重复这个练习1分钟后，再正常走路1分钟。

注意，这个练习大约以2分钟的停顿走路为一循环，每次练习都不能少于两个循环。

## 3. 髋部锻炼

（1）单脚站立，并用同侧手扶住支撑物。

（2）用另一只脚在空中画平躺着的"8"字，记得"8"字的上半

圈在身体之前，下半圈在身体之后。

（3）逐渐增加动作的幅度，使"8"字越画越大。

（4）每只脚各做 10~20 次练习。

## 4. 髋关节伸展练习

（1）首先，笔直站立，保持背部挺直。

（2）右脚向前迈出一步，同时保持左脚不离地。

（3）右腿膝盖弯曲成 90 度，并不断向前拉伸髋关节，让你的左侧髋关节感到有很大的拉力。

（4）保持这个姿势，慢慢地从 1 数到 5，然后收回右脚。

（5）右脚反复进行这样的练习不少于 2 次，之后再伸出左脚锻炼右侧髋关节。

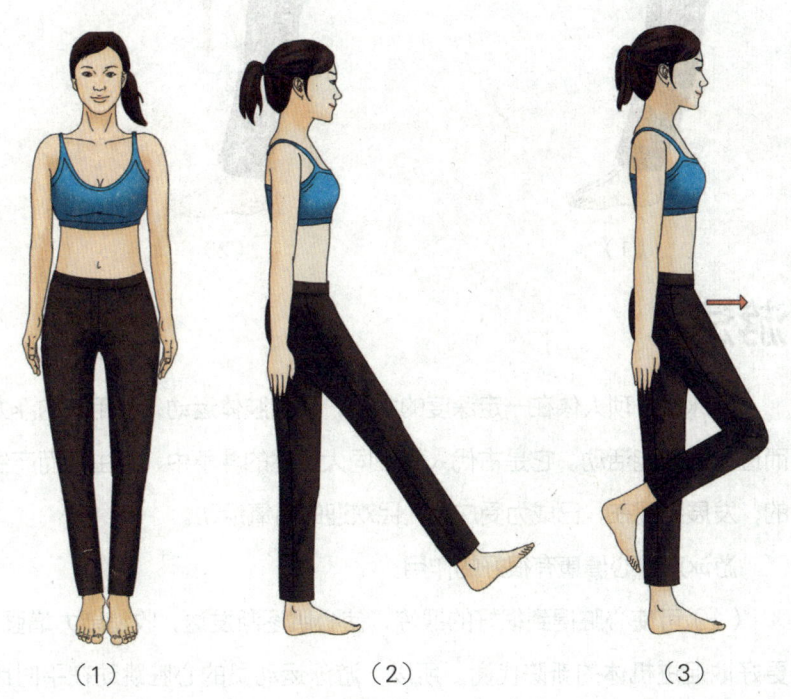

（1）　　　　（2）　　　　（3）

### 5. 腹肌锻炼

（1）将手掌平放在大腿上，向前弯腰使背部曲线变圆，同时收紧腹部肌肉。

（2）在收缩身体的过程中，双手沿着大腿下滑至膝盖，并在这一方向上施加一定的压力，这样做可以使你的腹肌加大收缩。

（3）反复进行15次。

（1）　　　　　　（2）

# 游泳

游泳是一项人体在一定深度的水中，凭借肢体运动，利用水的浮力而进行的技能活动。它是古代人类在同大自然的斗争中，为生存而产生的，发展到现在，已成为受广大人民欢迎的有氧运动。

游泳对身心健康有很好的作用：

（1）可使心脏得到很好的锻炼，使心肌逐渐发达，收缩能力增强，更好地促进机体的新陈代谢。所以，游泳运动员的心脏跳动在平时比一般人慢而有力。一般人的脉搏，安静时为每分钟 70~80 次，而游泳运动员却为每分钟 42~60 次，个别甚至少到每分钟 36 次，这正是其心脏功能良好的具体体现。有的游泳运动员平时心跳只有每分钟 40~50 次，而跳动时排出的血量等于一般人每分钟 70~80 次心跳排出的血量。

（2）游泳运动是所有运动项目中对呼吸系统影响最大的一个项目。游泳运动员的肺活量也比一般人大得多，据统计，一般人的肺活量只有 3000 毫升左右，而游泳运动员能达 5000~7000 毫升。这样就可使每次呼吸能摄取更多的氧气和排出更多的二氧化碳。肺活量大，其耐受缺氧的能力也就越强。

（3）坚持游泳锻炼，还能使神经系统功能增强，可使动作敏捷、反应灵活，并使关节得到锻炼，动作协调、敏捷。

（4）可以有效地锻炼全身的肌肉和关节，使肌肉发达，可以减肥，保持体型健美，并在力量、速度、柔韧、耐力等身体素质方面有明显提高。

（5）可以强身健体，预防疾病。游泳本身就是一种体育疗法。经常在水中锻炼，体温调节功能可以得到改善，机体对外界的适应力会明显增强，且有舒筋活血、松弛肌肉的作用，对腰背痛、扭伤有一定的治疗作用。如方法得当，对冠心病、高血压、胃肠病也有一定的治疗作用。

（6）可以延缓衰老，使人青春常驻。它可以改善皮肤血液循环和新陈代谢，推迟皮肤老化和预防皮肤病的发生。游泳时采用蛙泳、自由泳、仰泳和蝶泳均可，但速度不宜过快，时间也不宜过长。最好每周锻炼 2~3 次，每次最好不超过 500 米。运动量要适当，因人而异。

游泳前可进行一些拉伸热身运动：

（1）旋转双臂松肩关节。

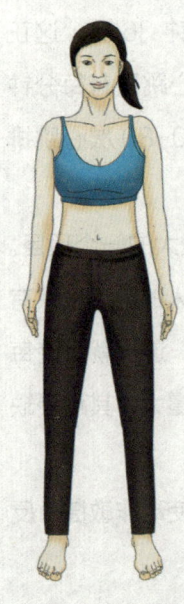

◀ 两脚分开平肩站立。

▶ 两只手臂向左右伸直，自前往后转圈，同时数数呼吸，1~10吸气，11~20呼气，共180圈。

（2）下蹲弯腰练腰腹。

▶ 两脚平肩站立，两手向前平胸伸直，练习下蹲站起，数数呼吸，下蹲吸气，站起呼气，共50次。

▶ 之后双手转为向左右平伸，再下蹲站起，数数呼吸，方法如前，也做50次，站起时上身稍微后倾顶腹，绷紧肚皮。

▶ 接着勾头弯腰成弓形。将腰似鸡啄米一般一躬一躬地向下弯，下弯时两手向下伸直，指尖尽量贴近脚面或地面，同时数数呼吸，向下吸气，往上呼气，共100次。

（3）拍手拍腿通血脉。

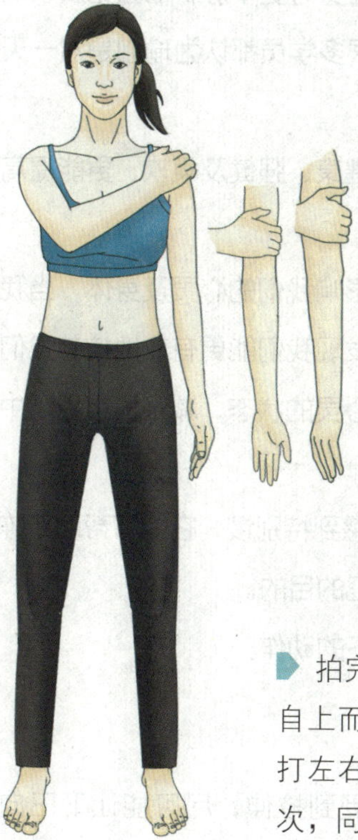

▶ 两脚自然站立，先用右手分别拍左臂的肱二头肌、肱三头肌、肩关节各100次，并数数呼吸，1~10吸气，11~20呼气；拍完左肩关节后换用左手拍右臂，方法如前。

▶ 拍完右肩关节后弯腰，双手自上而下、自下而上地分别拍打左右大小腿的内外侧各100次，同时如前数数呼吸。

# 瑜伽

瑜伽是一套完整的体系,包括体格技巧、健康饮食、个人卫生、静坐运气、自悟冥想,能消除忧虑,调节内分泌,促进排泄。

瑜伽有一些很好的养生作用:

(1)加强血液循环:瑜伽运动可加速心跳和富氧血的循环,进而加强身体的血液循环。

(2)增强体力和灵活度:瑜伽的姿势是经过数千年实践经验形成的身体动作,能加强并延展肢体的结缔组织。不管你的身体是柔软还是僵硬,是虚弱或是强壮,瑜伽都能改善你的身体和心志,给你带来健康。

(3)释放压力:定期练习瑜伽能够让身心更平静,增强免疫系统的功能,更能排出因压力所产生的毒素。很多学员都认为瑜伽是对一天辛劳工作所带来的压力的完美释放。

(4)提高自信心:瑜伽让我们觉得健康、强健及柔软,更能提高我们外在及内在的自信。

(5)呼吸管理:呼吸质量往往直接影响我们的心灵及身体,当我们学习如何控制及缓和我们的呼吸时,会发现我们能更有效地控制我们的身体和心灵。瑜伽能帮助我们学会掌控心灵的状态,减轻日常生活中所面临的压力。

(6)减重:定期练习瑜伽后,不会感到特别饿,它能够帮助新陈代谢,可减少想大吃一顿的念头,达到减肥的目的。

瑜伽前的热身拉伸和休息术包含以下的动作:

## 1. 头部运动

(1)呼气,低头,感觉颈部肌肉受到拉伸,尽可能让下巴向前

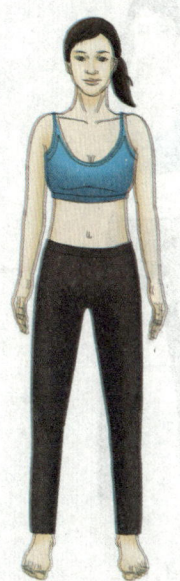

胸靠近。

吸气,将头从右侧开始顺时针转动一圈,回到低头的位置。抬头,调整呼吸。

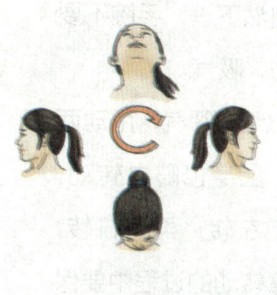

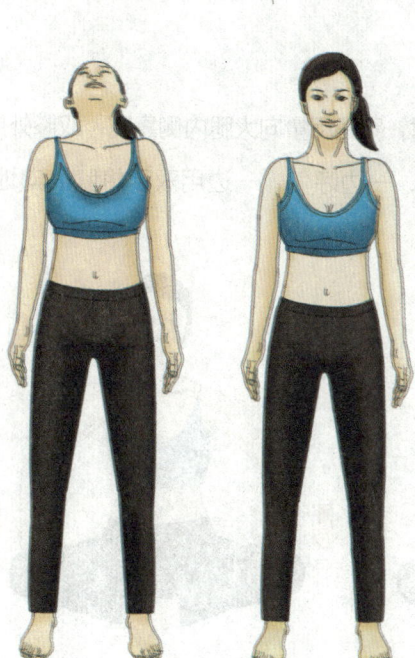
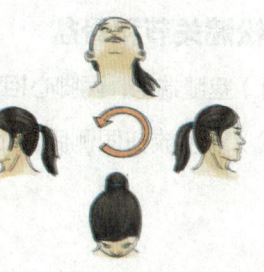

(2)吸气,仰头向后,感觉下颚肌肉受到拉伸。

呼气,将头从左侧开始逆时针转动一圈。头部回到正中,调整呼吸。

## 2. 身体转动

（1）两脚平行开立，与肩同宽，膝盖略微弯曲，后背挺直，双手自然下垂，手腕不要用力，吸气。

（2）呼气，甩动两臂，上身也随之转动，先向左转，再向右转，注意转动的过程中要保持呼吸。

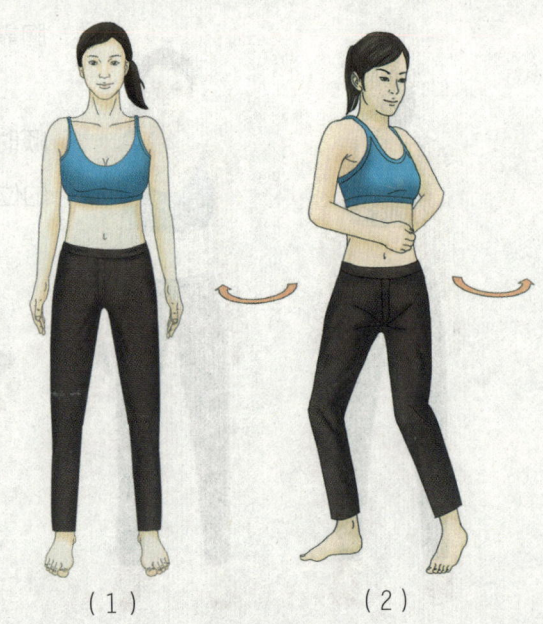

（1）　　　　（2）

## 3. 放松髋关节和骨盆

（1）盘腿端坐，两脚心相对，脚跟尽量向大腿内侧靠拢，双膝外展。

（2）双手放在同侧膝盖上，一边呼气，一边用双手将膝盖向地面按压。

（1）　　　　　　　　（2）

### 4. 肩膀、腰、膝盖、脚腕放松

（1）坐姿，双腿打开，弯曲膝盖腿，双手从身后支撑身体。

（2）呼气，两腿向右侧倾；吸气，归位，呼气，两腿向左侧倾。

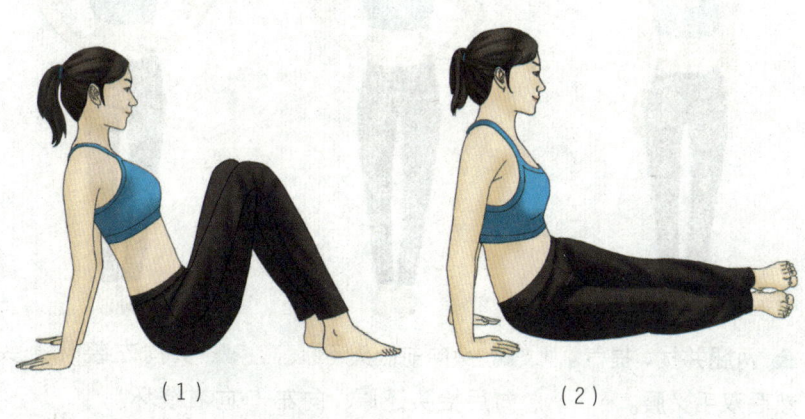

（1）　　　　　　　　（2）

# 跳舞

我国民间俗语有"一天舞几舞，长命九十五"，又有"手舞足蹈，百岁不老"的说法。可见，舞蹈不仅能娱人心神，对人的健康也很有好处。

现代医学研究表明，各种舞蹈因风格不同而对人体有不同的影响。如我国传统的醉舞，模拟醉汉东倒西歪的动作，形似武术中的醉拳，有着平衡肢体功能的功效。现代流行的迪斯科节奏鲜明，感情热烈，有健美体操之誉，如今已逐渐演化出适合各年龄组的分类舞蹈。人们在运用舞蹈健身时应根据自己的具体情况，选择适合的舞蹈形式。下面为大家介绍一下跳舞前的热身拉伸：

## 1. 头部活动

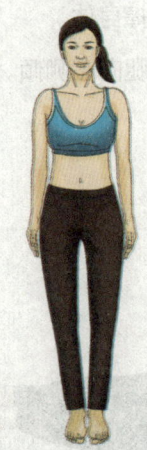

▲ 两腿并拢，提气。然后双手叉腰。

▲ 头向前低头还原、向后抬头还原、向左歪头还原、向右歪头还原、头向左转头、向右转头，再重复2次。

▲ 头向左绕环、头向右绕环。

## 2. 手腕活动

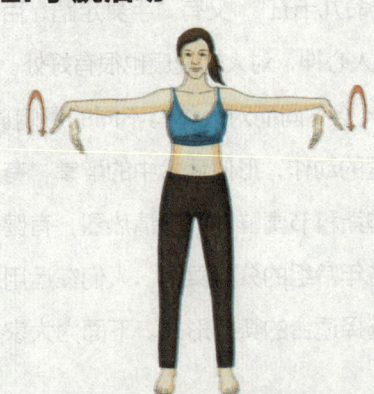

▲ 两手前举或侧平举都可，两手腕同时向内绕腕。

▲ 然后再向外绕腕，两手手指交叉至胸前做绕腕活动，两手互相推撑活动。

## 3. 踝关节活动

◀ 脚尖点地,踝关节向内绕环。

▶ 然后,再向外绕环,两脚交替进行。

## 4. 膝关节活动

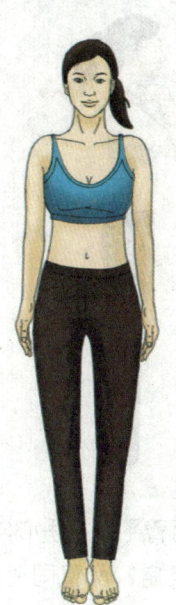

◀ 自然站立,两腿并拢。双膝微向下弯曲,双手自然垂于身侧。

▶ 同时向左绕环,再向右绕环,也可做两腿分开向内绕环,向外绕环,或屈、伸活动。

## 5. 上身运动

▲ 双腿并拢,两臂下垂。

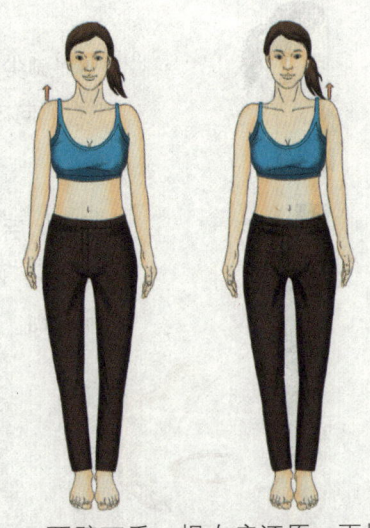

▲ 两臂下垂,提右肩还原,再提左肩还原。

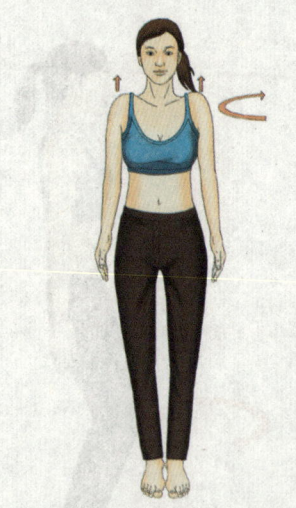

▲ 双腿并拢,两臂下垂,双肩同时上提还原。

▲ 肩绕环。两臂平举,手心向上,小臂弯曲手至肩,两臂同时向前绕环,然后再向后绕环。

## 6. 振臂

▲ 一臂上举向后振，一臂下摆向后振，两臂交换进行，也可双臂同时上举向后振臂，节拍自行掌握。

## 7. 体转拉伸

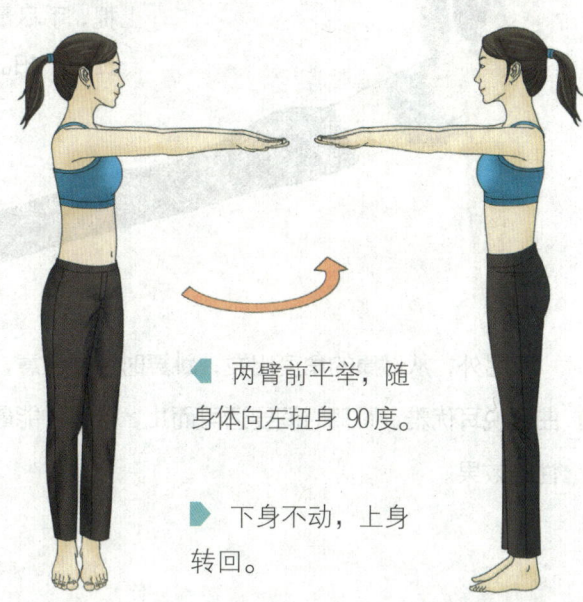

◀ 两臂前平举，随身体向左扭身90度。

▶ 下身不动，上身转回。

▶ 两臂右转，同时右腿提起，弯曲膝盖直到碰到左臂肘。还原后换腿做。

## 8. 蹲撑提臀

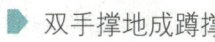

▶ 双手撑地成蹲撑。

◀ 脚用力蹬地，使膝伸直、臀部上提，手尽量扶在地板上，一蹲、一提为一拍。

另外，从健康的角度出发，跳舞时还要注意，舞场要宽敞通风，乐曲要悦耳优雅，跳舞时间要适可而止，这样才能最大限度地达到怡情养性的效果。

# 健身球

用健身球练习拉伸运动不仅可以预防肌肉酸痛，而且还有一定的趣味性，有助于促进身心松弛。健身球运动可以训练胸、腹、背、臀、腿等处的肌肉群，不会对关节造成强大冲击，能够避免运动伤害。即使腰背部有伤病也可以用柔软的健身球来帮助运动。

用健身球来锻炼，首先要保持身体的平衡，不让球滚动，这就要靠腿部、腰部、腹部的力量来控制，经常锻炼有助于提高身体的协调性以及对肌肉的控制能力。练习者可以不断变换动作，在一种非常轻松的情况下达到健身的目的。

做健身球操时，人体与球面充分接触，内部充气的健身球会均匀地抚摸人体的接触部位从而产生按摩作用，有助于促进血液循环。另外，运动者会不由自主地挺直腰板、两肩向后张，这是身体为防止摔倒而做出的本能反应，也是一种正确姿势。因此，健身球运动还有利于纠正平时错误的身体姿势，塑造优美的体形。

健身球锻炼前的拉伸方法如下：

（1）将健身球靠近墙壁，上背贴着球的边缘。

利用球做滑轮，呼气后缓慢地屈曲双膝，直到下降至大腿与地面成平行状。

这个动作借着深蹲的动作，能够锻炼大腿四头肌，增强腿部的耐力和下肢的稳定性。

（2）站在健身球前，背对球。

下蹲，呼气，双手撑地，身体俯卧在球上，与地面平行。

吸气，抬起左腿，弯曲右膝，以右脚板支撑住右大腿。保持姿势15秒钟。完成后，还原起始动作，换脚重复动作。左右重复2~3遍。

这个动作主要锻炼臀部及大腿后方肌群，提升臀部线条，有助于防止臀部下垂变形。

（3）坐在健身球顶的边缘，双腿并拢。

吸气，举起双手，腰背挺直。

呼气，向前弯腰，腹部贴近大腿，额头靠近小腿，双手抓住足跟，按在地上。保持姿势 15 秒钟。吸气后还原起始动作。重复 3~5 次。这个动作能够伸展背部及大腿后方肌群，促进血液循环，令双腿肌肉变得有弹性。

（4）两脚分开与肩同宽，将健身球置于身后。

向后躺，使臀部和下背部靠着健身球的边缘。

双手各持一只 2.3~4.5 千克的哑铃，手臂向下伸，靠在球前。

收紧腹部，收缩肱二头肌，弯曲手臂，将哑铃提向肩部。

头部和颈部向后仰靠在身后的健身球上，收缩臀部，将胯部抬起，直至胯部与地面平行。

将哑铃向胸部上方举起。然后再将胯部和手臂还原至初始位置，重复整个动作，做 10~12 次。这个动作可以锻炼肱二头肌、胸部、胯部、臀肌。

（5）俯卧撑姿势，把脚搭在健身球上，脚背朝下。

双手撑在地上，双手间的距离与肩同宽。腹部收紧，手臂伸直。

弯曲膝盖并将球向左肩方向拉。

然后再向外推出，接着再右侧拉，重复 10~15 次。这个动作可以锻炼腹部、腰部、肩部。

（6）双脚分开与肩同宽，右手持 1.4~3.6 千克重的哑铃。弯曲右膝，并将右脚搭在身后的健身球上。

慢慢地弯曲左膝，重心下移的同时将球向后滚，直至左大腿几乎与

地面平行（颈部应该与脊柱成一条直线）。

渐渐将前腿伸直，身体抬起，将球滚回至起始位置。每条腿重复动作 10 次。这个动作可以锻炼股四头肌、肱二头肌、臀肌。

（7）脸朝下，胸部压在健身球上，脚趾撑地。双手各持一只 1.5~2.3 千克重的哑铃。

保持肘部微曲，头部与脊椎平直，将哑铃向前抬起，做 24 次。这个动作可以锻炼肩部、上背部。

（8）双手各握一个 1.4~3.6 千克的哑铃。头部、肩部躺在球上。双脚分开与肩同宽，脚尖朝前。抬起臀部，直到躯干与地面平行。

双臂向两侧伸出，上臂与地面平行，肘部微曲；将哑铃抬起，直至哑铃位于胸部上方。

然后交叉双臂，直至哑铃几乎碰到对侧的肩部，之后再慢慢将哑铃举起，沿原路线返回初始位置。做 10 次，这个动作可以锻炼胸部、后肩部。

（9）仰面平躺，将球紧紧夹于两脚之间。双手伸展于身体两侧，手掌朝下以保持身体平衡。

然后双腿抬起，与地板成45度保持双肩紧贴地面的情况下尽量将双腿向右旋转。

然后还原至中心位置，接着再向左旋转。每边旋转10~15次，整个过程中保持躯干平直，保持脊柱曲线自然。这个动作主要锻炼腹部。

# 第 2 节
# 球类运动拉伸

## 篮球

篮球运动要求在特定时间、位置、距离、场地、设施、环境条件的要求下，运用跑、跳、投掷等手段来完成投篮目标。在这一过程中，无论智力、生理、心理都要承受各种复杂因素的影响。科学地参加篮球锻炼，可增强心肌收缩力及心脏负荷能力，有助于提高人体内脏器官与感受器官的功能。可增加肺活量，增进血液携带氧的能力，使全身的血液循环加速新陈代谢。

对于青少年来说，打篮球能够锻炼身体，有益于骨骼的生长发育，达到增高的效果，并使身体的协调性和灵敏度大大提高。还可以锻炼脑部的思考和判断能力，锻炼视力及耳朵听力的敏感度。

篮球运动是在团体间对抗和变化条件下进行的，从事篮球运动有利于提高群体意识，培养团结合作、顽强拼搏的意志品质和良好的心理素质。

打篮球本身具有极强的趣味性，锻炼者在运动中能够舒解压力，放松心情，对于紧张的学习、工作、生活来说是一种难得的调节剂。

打篮球前的拉伸方法如下：

（1）先将肩膀分别向耳朵的方向耸起，这时颈部和肩膀处会稍稍产生一些紧张感。将这个姿势保持 5 秒钟。然后放松，让肩膀自然下垂。

在做动作的同时，心中默念："肩膀上升，肩膀下降"。

（2）十指交叉抱于脑后，肩胛部尽力向中间挤压，使上背部肌肉略微感到紧张（做此动作时，胸部也要朝上运动）。将这个姿势保持 4~5 秒钟，接着慢慢放松，再轻轻地将头部向前上方拉伸。

（3）十指交叉掌心向上，举过头顶。

向后上方轻轻推动手臂。让手臂、肩膀以及上背部产生一定的拉伸感。让呼吸自然顺畅，并将此姿势保持 15 秒钟。

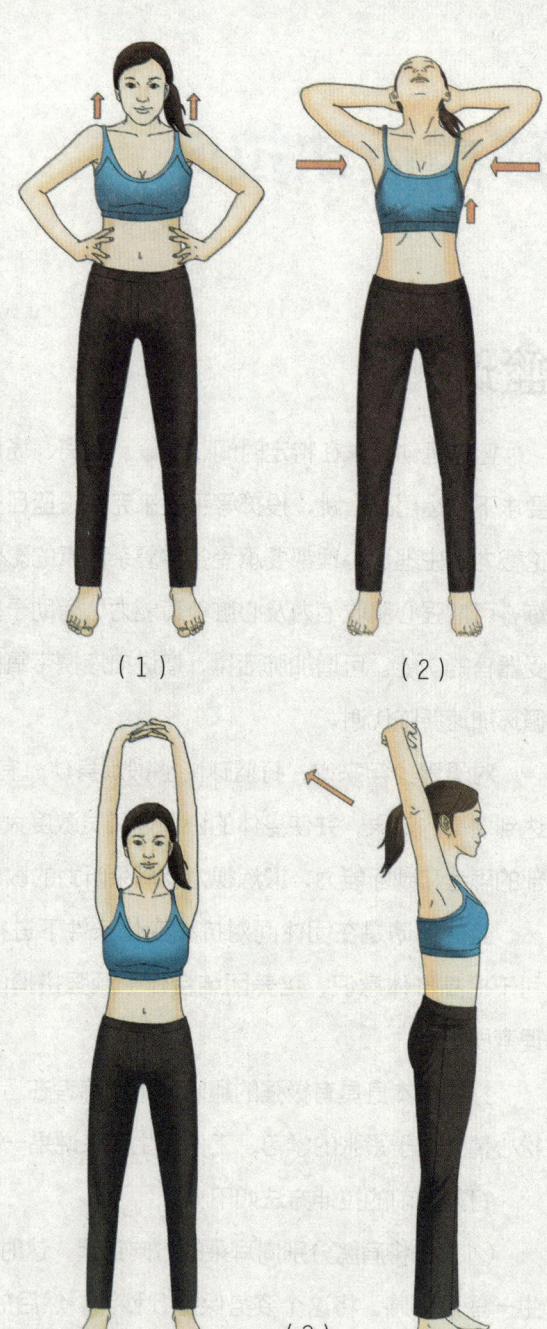

（1）　　（2）

（3）

（4）轻轻地将一侧手肘拉过胸前，向另一侧肩膀的方向尽量拉伸。将这个姿势保持 10 秒钟。

（5）站立状态。

略微弯曲双腿的膝盖，弯曲右手肘部，将右手手臂放在脑后。同时用左手握住右手肘，带动右手及头部向左移动，直到产生轻微的拉伸感。将这个姿势保持 10~15 秒钟。两侧重复做同样的动作。

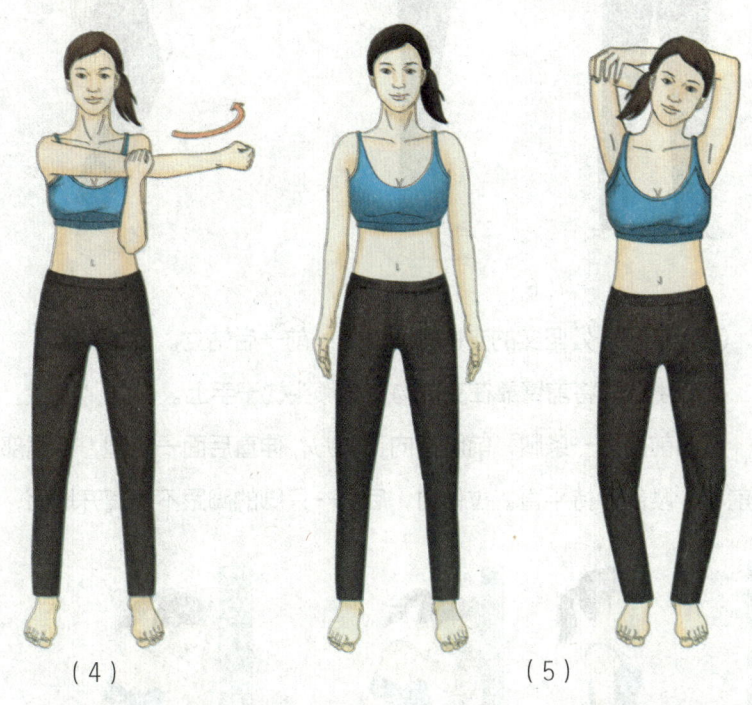

（4） （5）

（6）将十指交叉放在身后。

做第一个拉伸动作时，向内侧缓慢地转动肘部，并且将两手臂伸直。将这个姿势保持 10 秒钟。

（7）略微弯曲膝部，脚后跟平贴地面，两脚尖指向正前方，双脚分开站立，与肩同宽。将这个姿势保持 30 秒钟。

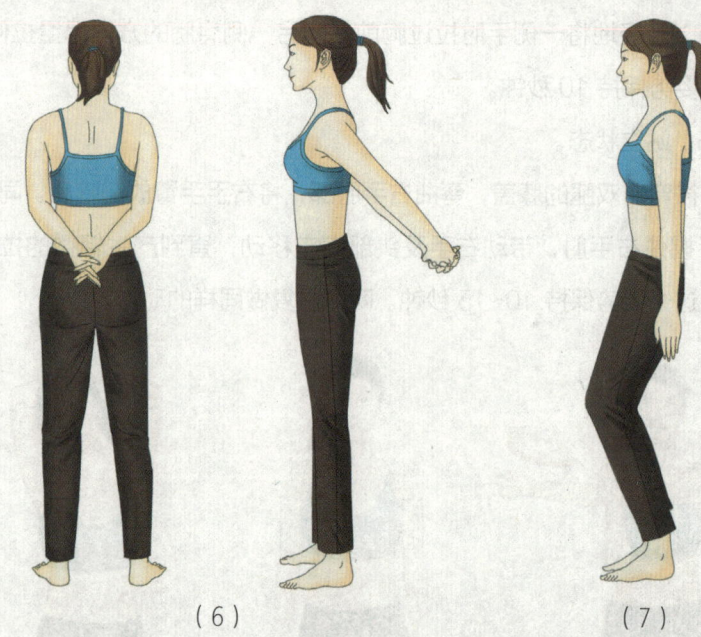

（6） （7）

（8）选择一处坚实的支撑物，双腿一前一后站立。

抬起手臂，将前臂靠在支撑物上，额头枕于手上。

弯曲前面的一条腿，前脚指向正前方，伸直后面一条腿，将髋部缓慢前移，腰部保持平直。拉伸时，后面一只脚的脚跟不能离开地面，脚

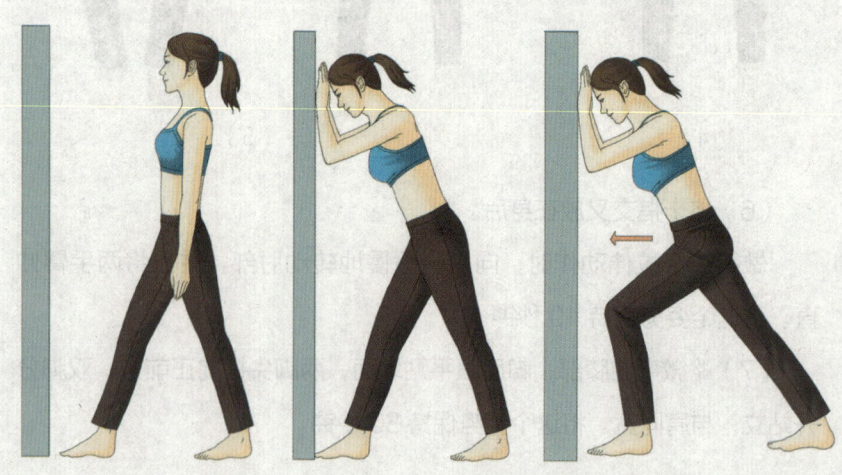

尖要指向正前方，或者稍稍偏于内侧。做动作不要太快，保持轻松拉伸10~15秒钟。然后交换双腿的前后位置，再重复做同样的练习。

（9）坐姿，双腿屈膝抬起，并保持一定的距离；双手交叉，轻轻地抵在大腿内侧，并拢双膝，以此来收缩腹股沟部位的肌肉。

（10）坐姿，双脚合十，两手分别握住两脚的脚趾。

轻轻地由髋部开始向前弯曲身体，直到腹股沟部位产生舒适的拉伸感。同时，后背有同样的拉伸感。将这个姿势保持20秒钟。

（11）坐在地上后，弯曲左腿，伸直右腿，左脚跨过右腿放在右腿膝盖外侧。

然后将右手手肘弯曲,并放置于左大腿外侧、膝盖上方。让肘部对左腿内侧的压力保持平稳,以此来确保左腿的稳定。同时头向后转,左手放在身后,以保持平衡。换另一侧腿重复同样的动作。

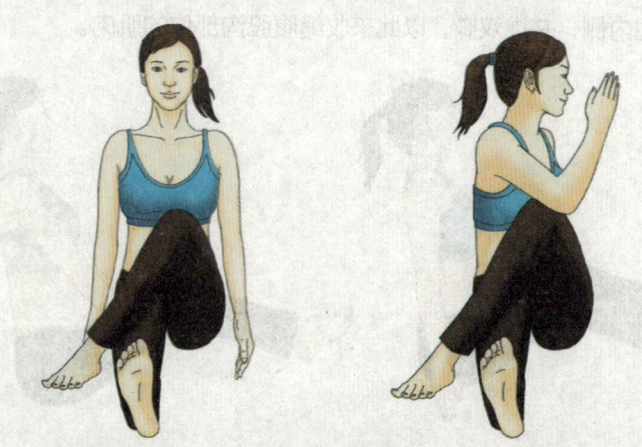

(12)拉伸右大腿的后肌群时,要取坐姿,将右腿伸直,让左脚脚底能够轻轻触碰到右大腿内侧。保持的姿势是一条腿伸直,另一条腿弯曲。

接着从髋部开始,慢慢向前倾斜,并让其向右脚靠近,逐渐产生轻微的拉伸感。将此姿势保持5~15秒钟。然后换另一侧的大腿,重复进行同样的动作。

# 网球

网球是一项优美而激烈的运动，它的由来和发展可以用四句话来概括：孕育在法国，诞生在英国，开始普及和形成高潮在美国，现在盛行在全世界。网球运动能够提高人的体育意识，培养人们运动健身的兴趣和习惯，对增强练习者的体质有良好的作用。近年来，随着人们生活水平的提高，人们的健康意识逐渐增强，越来越多的人加入到网球运动的行列中。网球的养生作用有以下几个方面：

（1）网球是一种户外有氧运动，网球运动能促进血液循环系统的改善，消耗多余热量，使心肺功能得到提高，也可以增强人体免疫能力，提高抗病能力和病后康复速度，达到增进健康、增强体质、强化身心的目的。

（2）网球运动是疏解压力、调节免疫力的最佳运动之一。在网球运动中，要全神贯注，排除一切杂念，快速地奔跑击球、大力扣杀，这样可以把一天的疲劳、困扰等挥洒得干干净净，使身心得到放松，特别是在打出了一个好球时，你可以大吼、跳跃、摔拍子等，释放你的压力和情绪。

（3）网球有助于培养人的综合素质。业余活动中的网球比赛大多是无裁判下的信任制比赛，双方一定要诚实，把好球说成出界或把出界说成好球都是不诚实的表现。诚信品质的体现贯穿于整个网球活动的全过程。此外，网球运动还有助于培养人乐观、团结、自信的素质。

网球是非常剧烈的运动，打网球前最好做一些拉伸热身：

（1）站立，略微弯曲双膝。
用右手将左臂外侧肘部上方的部位握住。
右手将左臂向身体内侧拉，坚持停留3~4秒钟。

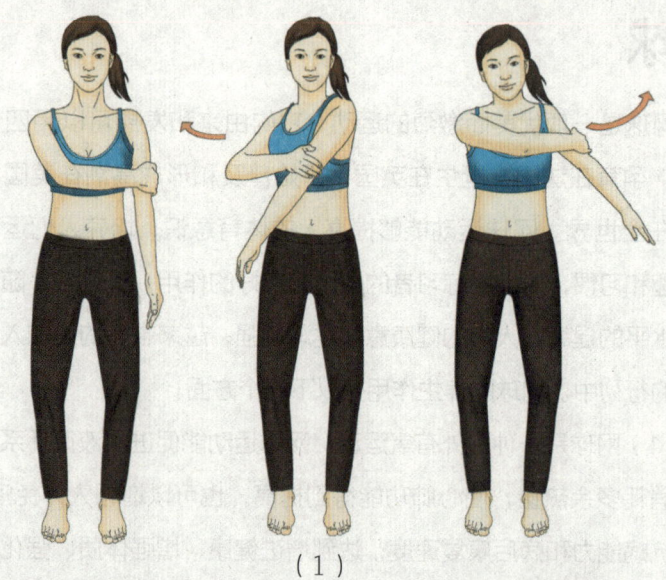

（1）

放松后再将右臂缓慢地拉过身体，向左侧肩膀的方向拉伸，直到肩膀外侧和手臂上部产生舒适的拉伸感。将此动作坚持10秒钟。另一侧的拉伸方法也是一样的。

（2）先将肩膀分别向耳朵的方向耸起，这时颈部和肩膀处会稍稍产生一些紧张感。将这个姿势保持5秒钟。然后放松，让肩膀自然下垂。在做动作的同时，心中默念："肩膀上升，肩膀下降"。

（3）站立状态，略微弯曲双腿的膝盖，弯曲右手肘部，将两手臂放在脑后。同时用左手握住右手肘。

然后将头部向左移动，身体向左侧弯

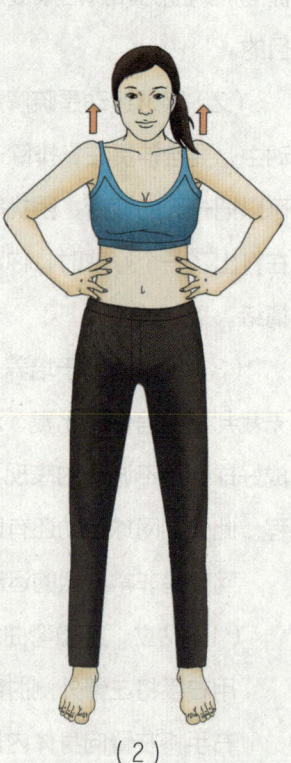

（2）

曲，直到感受到轻微的拉伸感。将这个姿势保持 10~15 秒钟。两侧重复做同样的动作。

（4）十指交叉掌心向上，举过头顶。

向后上方轻轻推动手臂。让手臂、肩膀以及上背部感受到一定的拉伸感。让呼吸自然顺畅，并将此姿势保持 15 秒钟。

（3）　　　　　　　　　　　　　（4）

（5）背朝墙壁站立，身体与墙壁之间的距离维持在 30~60 厘米。两脚分开站立，约与肩同宽，脚尖指向正前方。

缓缓地让上半身向后转，直到能将双手放在墙壁上与肩同高的位置。然后回到起始位置。接着再向相反的方向转动身体，再次触摸墙壁。转动幅度以身体感到舒适为宜，坚持这个姿势 5~15 秒钟。

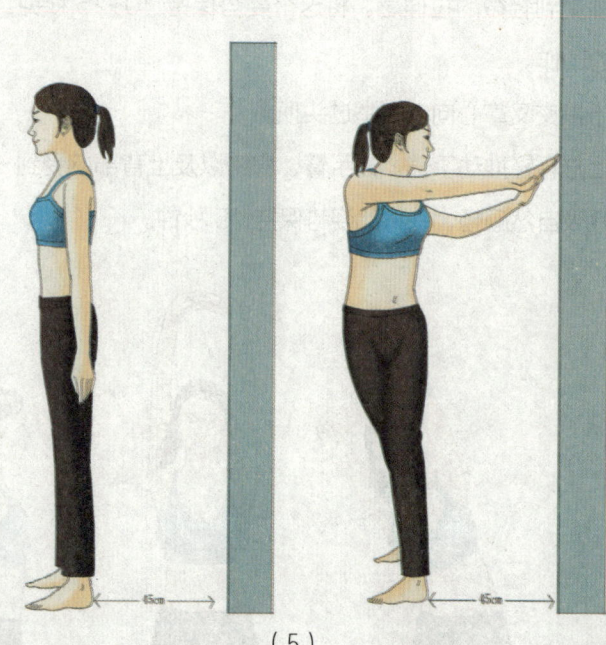

（5）

（6）右手握住左脚前部，将左脚脚跟向臀部轻轻拉伸。将这个姿势保持10~20秒钟，然后换左手和右腿做同样的动作。

（7）略微弯曲膝部，脚后跟平贴地面，两脚尖指向正前方，双脚分开站立，与肩同宽。将这个姿势保持30秒钟。

（8）向前移动一条腿，让膝盖位于脚踝的正上方，另一条腿的膝盖放在地面。不改变地面上

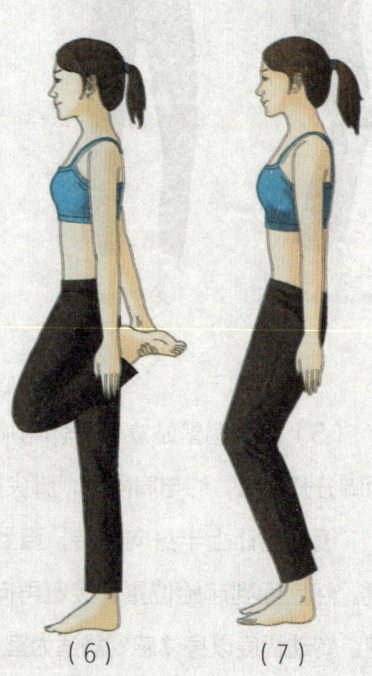

（6） （7）

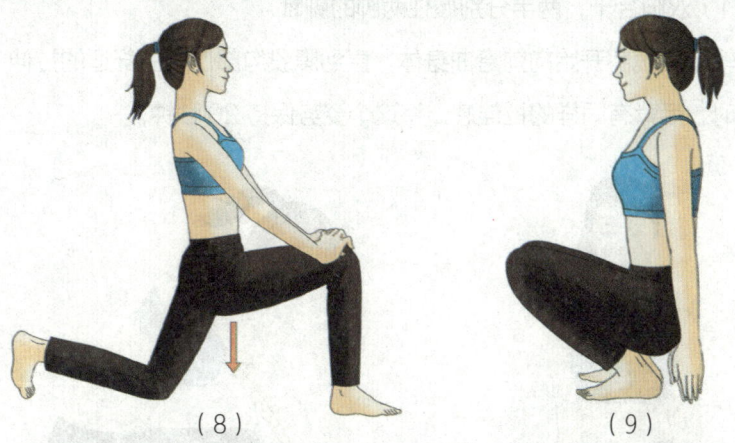

（8） （9）

那条腿的膝盖的位置，前脚的位置也不变，尽可能地将髋前部向下压，直到产生拉伸感。坚持这个姿势 10~20 秒钟。换腿练习。

（9）站好后，慢慢向下蹲，两脚紧贴地面，脚尖指向前方约 15 度方向，两脚跟要相隔一些距离，若徒手下蹲有困难，可手扶固定支柱。将这个拉伸动作维持 10~15 秒钟。

（10）用手、脚尖和膝盖支撑身体。大拇指向外，其余四指指向膝盖。

在保持手掌平贴地面的同时，将身体向后仰，以便尽可能地拉伸小臂前部。轻松拉伸 5~15 秒钟。放松后再次做相同动作。

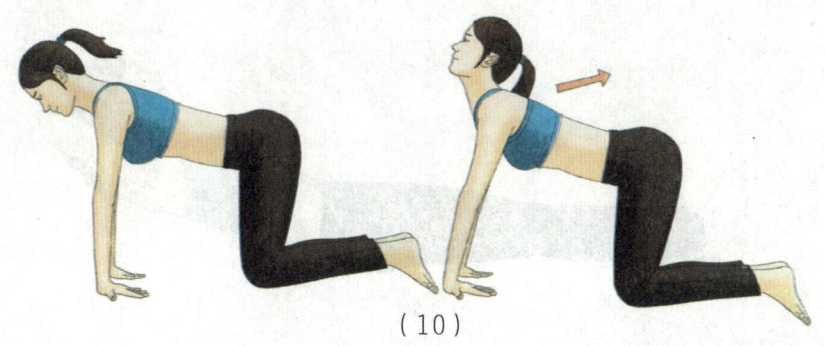

（10）

（11）双脚合十，两手分别握住两脚的脚趾。

轻轻地由髋部开始向前弯曲身体，直到腹股沟部位产生舒适的拉伸感，同时，后背有同样的拉伸感。将这个姿势保持20秒钟。

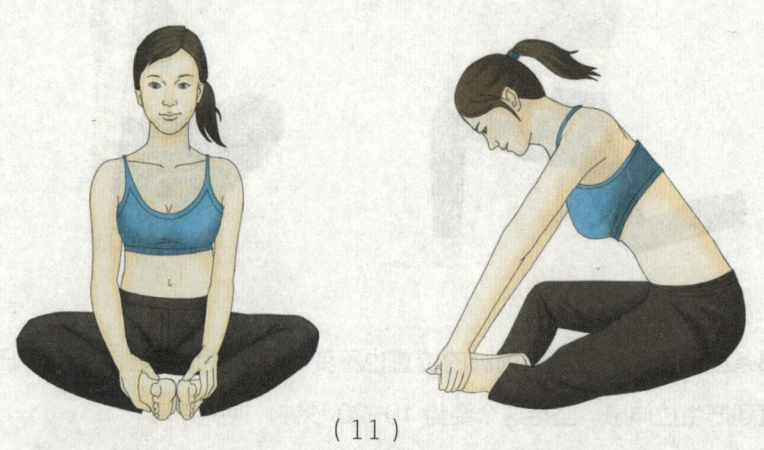

（11）

（12）仰卧躺好，十指交叉后放在脑后，大约与两耳齐平。

缓慢抬高颈部，直到颈后有轻微的拉伸感。保持这个动作3~5秒钟，然后，缓慢恢复到初始状态。

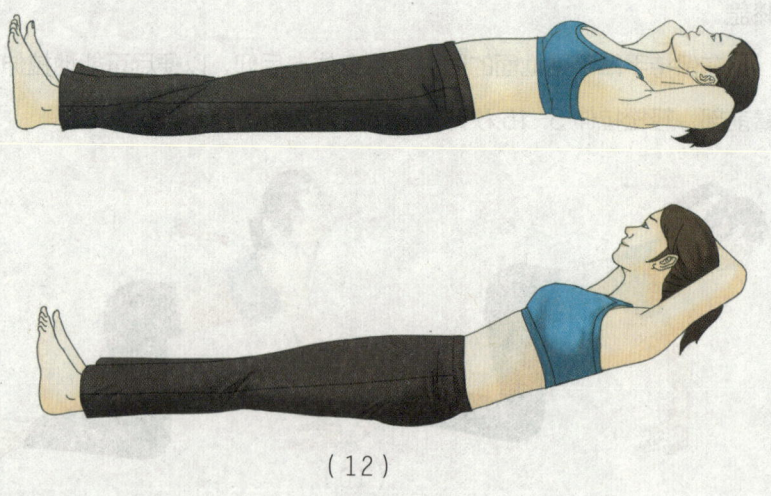

（12）

# 羽毛球

打羽毛球对于大家来说都是非常熟悉的,现在很多人都是会坚持去打羽毛球这样运动的,对我们锻炼身体还是非常有好处的,可以通过打羽毛球的方法来起到锻炼身体的功效,是我们增强身体素质的好选择。

对于普通羽毛球爱好者来说,这恰恰相当于一场低强度单打比赛的运动量。在进行羽毛球运动之前,最好做几分钟的拉伸热身活动:

## 1. 拉伸练习总则

(1)拉伸练习的顺序始终是:放松—拉长—用力—拉长。

(2)拉长必须做到可能的最大幅度,但绝对不要产生疼痛感。

(3)拉长或者伸展的姿势必须保持大约 20 秒钟的时间。

(4)第一个 10 秒钟,慢慢拉长;第二个 10 秒钟,在原有幅度上再稍稍拉长。

## 2. 拉伸大腿前面肌群

▶ 面对墙壁站立,左手扶墙,右腿弯曲。

▶ 用右手扳住右脚尖,用力向后扳,以拉伸右大腿肌肉。然后换左腿练习。

### 3. 拉伸小腿肌群和跟腱

▶ 面对墙壁站立，双手扶墙，左腿弯曲，右腿用力向后蹬伸，右脚跟不离地，右腿保持伸直状态，膝盖不能弯曲，用力后蹬，体会小腿的紧张和跟腱的拉伸。然后换腿练习。

### 4. 拉伸背部肌群

▲ 平躺在地面或垫子上，双腿蜷曲到胸前，双手抱腿使身体蜷缩成一团。

▲ 头抬起，下颌贴紧膝盖，用力蜷缩身体以拉伸背部肌肉。

### 5. 拉伸肩带和上臂肌群

这个动作可以只做一边，即击球手一侧。

## 6. 拉伸大腿后面肌群

🔺 两腿分开到最大限度,两腿伸直,膝盖不能弯曲。

🔺 上体贴向左腿,右腿保持原位不动,脚跟不能离地,体会大腿后部肌肉被拉伸的感觉,换腿练习。

## 7. 拉伸大腿内侧肌群

## 8. 拉伸躯干侧面肌群

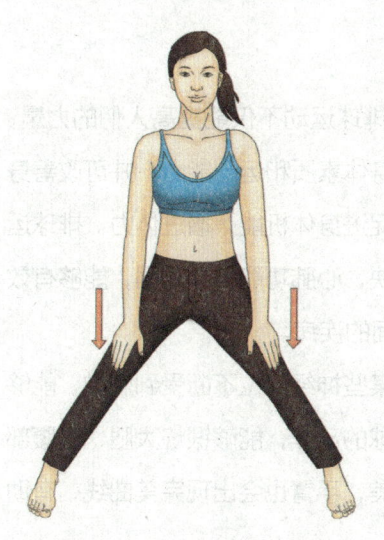

🔺 两腿分开到最大限度,两手放在两腿上,缓慢用力下压,体会大腿内侧肌肉紧张的感觉。

🔺 两脚开立约与肩同宽。双手向上伸直,上体向一侧弯曲,保持上体与双腿在一个平面上,用力弯曲,体会肋部肌肉被拉伸的感觉。换一侧继续拉伸。

### 9. 拉长肩带和胸部肌群

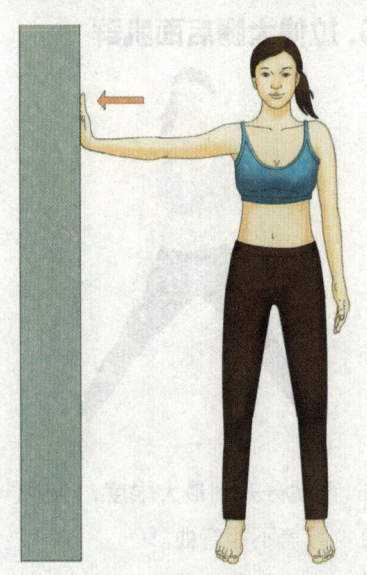

▶ 以右手击球为例,侧对墙壁站立,右手扶墙,右臂伸直并与身体处于同一平面上,右手用力推墙并保持右臂伸直,体会肩带下侧和胸部肌肉被拉伸的感觉。

# 排球

排球是基本球类运动之一,参加排球运动不仅能提高人们的力量、速度、灵活性、耐力、弹跳、反应等身体素质和运动能力,并可改善身体各器官、系统的机能状况,有助于促进身体机能,增进体力。排球运动能使人的肺活量增强,血液循环加快,心肺功能得到增强,能够有效预防和治疗老年心血管和神经系统方面的疾病。

排球动作中的下手碰接动作使得某些神经部位不断受到刺激,能够有效缓解精神衰弱等症。经常弹跳扣球的动作,能够锻炼大腿、腰腹部的肌肉,让腿部没有赘肉,腰部更健美,手臂也会出现完美曲线,有助于改善体型和姿态。

打排球前的拉伸方法如下:

(1)左手握住右脚前部,将右脚脚跟向臀部轻轻拉伸。将这个姿势保持 10~20 秒钟。换另一条腿做同样的动作。

（2）略微弯曲膝部，脚后跟平贴地面，两脚尖指向正前方，双脚分开站立，与肩同宽。

将这个姿势保持 30 秒钟。

（3）站立姿势，双脚分开约与肩同宽，脚尖指向正前方。

身体轻轻向下弯曲，并略微弯曲膝盖，以便使腰部的压力得到减缓。颈部和手臂尽量放松，缓慢拉伸到两腿后部产生轻微的拉伸感。保持这个拉伸姿势 5~15 秒钟。

（4）一条腿弯曲，放在另一条腿前面。把前面一条腿的脚踝置于膝盖的正下方，双手重叠放在前腿膝盖前端的位置。

然后伸直两臂，保持上半身挺直，同时髋前部下压。保持这个姿势 5~15 秒钟。用同样的方法拉伸另一侧。

（1） （2） （3）

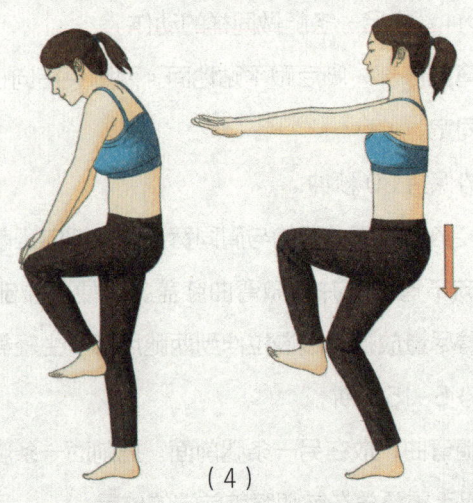

（4）

（5）用手、脚尖和膝盖支撑身体。手掌向下贴近地面。大拇指向外，其余四指指向膝盖。

在保持手掌平贴地面的同时，将身体向后仰，以便尽可能地拉伸小臂前部。轻松拉伸 5~15 秒钟，放松后再次做相同动作。

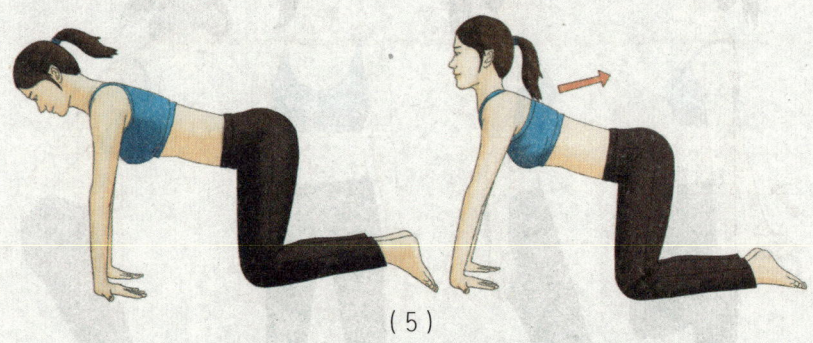

（5）

（6）脸朝下，将双腿弯曲，向前伸展双手，或一手放在头下；将双臂笔直地向后拉，并将手掌轻轻向下压。做这个动作时，可以只将一只手臂伸直，也可以同时伸直两臂。保持放松，注意适度用力，不要过度拉伸，将此姿势保持 15 秒钟。

(6)

(7)坐姿,双腿屈膝抬起,两膝保持一定间距。

双手交叉,轻轻地抵在大腿内侧,并拢双膝,以此来收缩腹股沟部位的肌肉。

(7)

(8)坐姿,双脚合十,两手分别握住两脚的脚趾。

轻轻地由髋部开始向前弯曲身体,直到腹股沟部位产生舒适的拉伸感。同时,后背有同样的拉伸感。将这个姿势保持20秒钟。

（8）

（9）坐姿，弯曲左腿，伸直右腿，左脚跨过右腿放在右腿膝盖外侧。

然后将右手手肘弯曲，并放置于左大腿外侧、膝盖上方。让肘部对左腿内侧的压力保持平稳，以此来确保左腿的稳定。同时头向左后方转，左手可撑在地上以保持平衡。

（10）站好后，慢慢向下蹲，两脚紧贴地面，脚尖指向前方约15度角方向。两脚跟要相隔一些距离。将这个拉伸动作维持10~15秒钟。

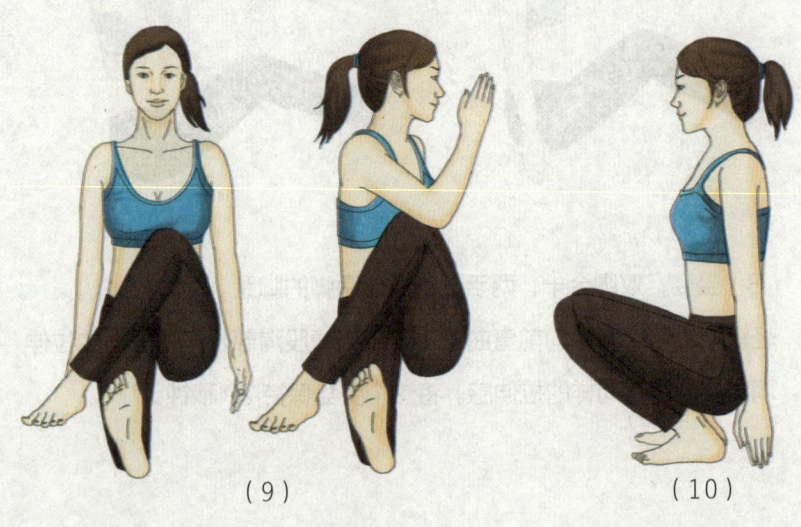

（9）　　　　　　　　　　（10）

# 乒乓球

乒乓球是一项全身性运动，运动时全身的肌肉和关节组织都能得到活动，不仅可使上下肢和腰背肌肉发达健壮，使得关节更加灵活、稳固，而且也提高了人的速度、力量素质和身体的灵活性、协调性，使人更加健壮，充满活力。

乒乓球运动也是一项极佳的大脑运动。运动时，大脑在短时间内要对来自眼睛、耳朵的信息进行思考分析与综合，调动视觉、听觉的感觉器官、运动中枢及全身肌肉快速工作。因此长期练习，可大大提高神经系统反应速度和综合协调能力。

经常进行乒乓球运动能使人体的循环、呼吸系统的功能大大加强，使心肌变得发达有力，心容量加大，血管壁弹性增加。这些变化对中老年人十分有益，可减少心血管疾病对身体的不良影响。同时使呼吸肌得到锻炼，可增加肺活量，改善呼吸功能。

打乒乓球能够调节人的情绪，使人心情愉快，还能锻炼和培养人们机智果断、拼搏向上的精神品质。

打乒乓球是隔网对抗，比有身体接触的体育项目安全性更高，所以不仅适合年轻人，也适合喜欢健身的中老年爱好者锻炼。

乒乓球运动前的拉伸方法如下：

（1）选择一个稳定的支撑物，用手扶好，站立并保持平衡。

抬起右脚离开地面，按照顺时针旋转脚踝10~12次；再按照逆时针旋转10~12次。左脚的练习也与此相同。

（2）左手在身后握住右脚前部，将右脚脚跟向臀部轻轻拉伸。如果用另一侧的手握住脚进行拉伸运动，膝盖会自然弯曲。将这个姿势保持10~20秒钟，并且每条腿都做同样的动作。

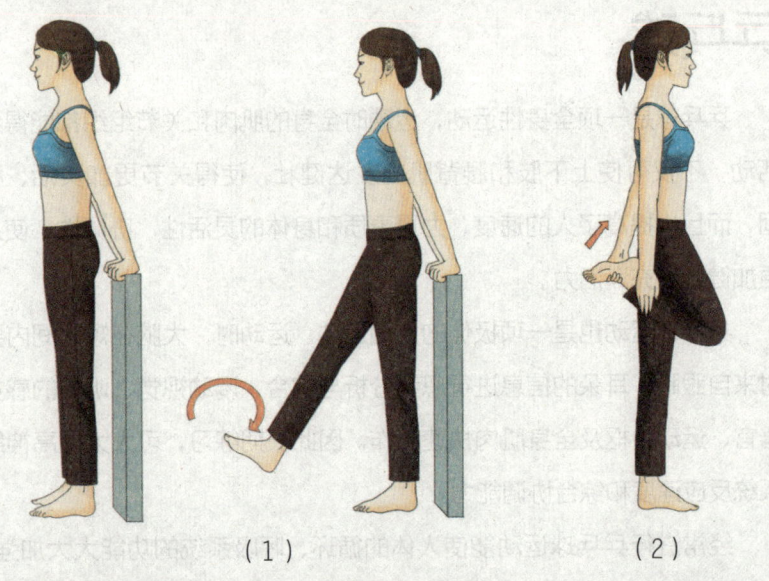

（1）　　　　　　　　　　　　　　（2）

（3）两脚分开站立，比肩稍宽一些，两只脚的脚尖指向正前方。

略微弯曲右膝，将左髋向右膝方向下移。让左大腿内侧感到轻微的拉伸。将这个姿势坚持5~15秒钟，换另一侧，做同样的动作。

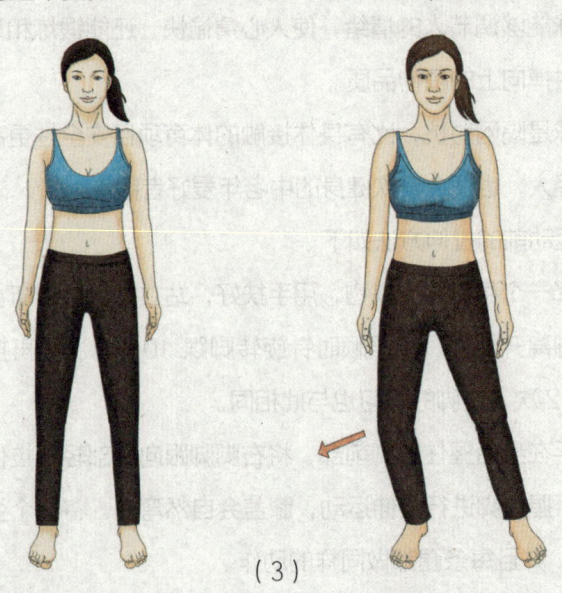

（3）

（4）一条腿弯曲，放在另一条腿前面。把前面一条腿的脚踝置于膝盖的正下方，双手重叠放在前腿膝盖前端的位置。

然后伸直两臂，保持上半身挺直，同时髋前部下压。保持这个姿势5~15秒钟。用同样的方法拉伸另一侧。

（5）站好后，慢慢向下蹲，两脚紧贴地面，脚尖指向前方约15度角方向。两脚跟要相隔一些距离。将这个拉伸动作维持10~15秒钟。

（4） （5）

（6）站立时，略微弯曲双膝，将手掌放在腰部靠近髋部的部位，双手的指尖向下。用手掌轻轻前推腰部肌肉，让腰部尽可能地舒展。将此姿势坚持10秒钟，重复2次。

（7）背朝墙壁站立，身体与墙壁之间距离维持在30~60厘米。两脚分开站立，大约与肩同宽，脚尖指向正前方。

缓缓地让上半身向后转，直到能将双手放在墙壁上与肩同高的位置，然后回到起始位置。接着再向相反的方向转动身体，再次触摸墙壁。转动幅度以身体感到舒适为宜，坚持这个姿势5~15秒钟。

# 足球

踢足球对身体机能有很大的提高。练习者在长期奔跑、跳跃的影响下,心肌变得强壮有力,安静时,心跳次数减少,收缩一次排出的血液大大超过一般人;肺脏的功能也得到了提升,呼吸变得深沉有力,每次排气量增加,肺活量也相应增大。

足球运动不但要求个人技术过硬,更讲究集体配合默契,足球比赛时间一般比较长,踢足球者几乎经常在进行着奔跑、跳跃等激烈的肌肉活动,随着训练水平的提高,肌肉会变得更加结实有力,身体的耐力和协调性也会得到提高。

足球运动前后的拉伸方法如下:

(1)站好后,将双膝微微弯曲。

(1)          (2)

弯曲左手肘，将手臂放在头后方，并同时用右手握住左手肘。

再将头部向右移动，头后部靠着右臂，直到产生轻微的拉伸感，然后将此姿势保持 10~15 秒钟。两侧都重复做同样的动作。

（2）将十指交叉后举过头顶，双手掌心朝上。缓缓地向后上方推动手臂，直到感觉到手臂、肩膀以及上背部都有轻微的拉伸感。

将这个动作保持 15 秒钟，让呼气自然顺畅。

（3）让双膝微微弯曲，脚后跟贴紧地面，脚趾指向正前方，两脚分开站立，与肩同宽。将这个姿势保持 30 秒钟。

（4）坐姿，双脚掌相贴。交叉双手后，轻轻顶在大腿内侧，同时让双膝尽量并拢，用此动作收缩腹股沟部位的肌肉。

（3） （4）

（5）坐姿，伸直右腿，弯曲左腿，左脚从右腿上跨过去，放在右腿膝盖外侧。

然后将右侧手肘弯曲，并放在左大腿外侧，膝盖的上方。通过肘部对左腿内侧的压力，让左腿保持稳定。将这个动作保持 10~15 秒钟。

两侧都按照同样的方法去做。

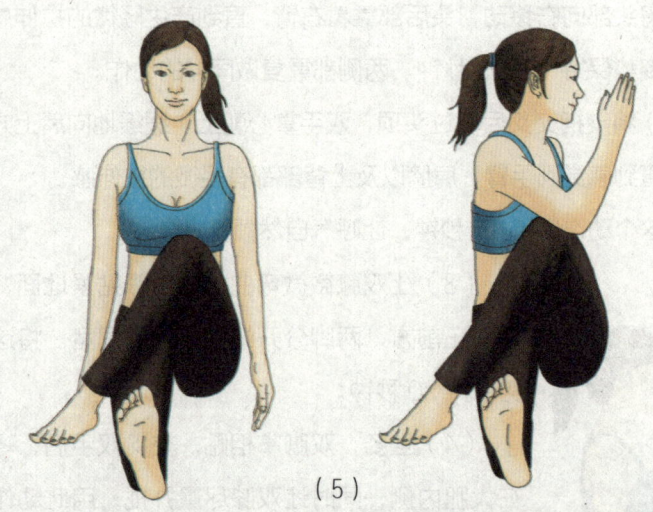

（5）

（6）坐姿，将右腿伸直，让左脚脚底轻轻触碰右大腿内侧，保持一条腿伸直，另一条腿弯曲的姿势。

让身体从髋部慢慢向前倾，逐渐朝右脚靠近，产生轻微的拉伸感。将这个姿势坚持5~15秒钟，另一侧也用相同方式做。

（6）

（7）站好后，慢慢向下蹲，两脚紧贴地面，脚尖指向前方约15度角方向。两脚跟要相隔一些距离，将这个拉伸动作维持10~15秒钟。

（8）一条腿弯曲，放在另一条腿前面。把前面一条腿的脚踝置于膝盖的正下方，双手重叠放在前腿膝盖前端的位置。

然后伸直两臂，保持上半身挺直，同时髋前部下压。保持这个姿势5~15秒钟。用同样的方法拉伸另一侧。

（7） （8）

（9）坐姿，双脚合十，两手分别握住两脚的脚趾。

轻轻地由髋部开始向前弯曲身体，直到腹股沟部位产生舒适的拉伸感，同时，后背有同样的拉伸感。将这个姿势保持20秒钟。

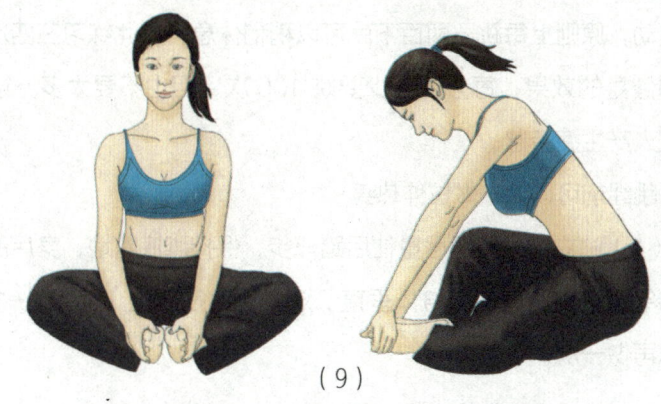

（9）

# 第3节
# 休闲运动损伤预防拉伸

## 跳绳

提到跳绳，也许很多人对它不屑一顾，以为这是小孩玩的游戏。其实跳绳是一项极佳的家庭健身运动。它不受时间地点的限制，也不需要特别的运动器械，而且能有效训练个人的反应和耐力，有助于保持个人体态健美，从而达到强身健体的目的。它是最为普及，也是最受欢迎的健身运动方式之一。

人在跳绳之后会精神焕发、精力充沛，这正是跳绳要达到的效果。不过，任何事情都要讲究方法，都得有个度，跳绳也不例外，跳绳时要讲究方法并掌握运动量。跳绳是用前脚掌起跳和落地，切忌全脚或脚后跟落地，以免脑部受到震荡。当跃起在空中时，不要极度弯曲身体，要保持自然弯曲的姿势。跳时，呼吸要自然有节奏。跳绳是消耗热量极大的运动，原则上每跳一两百下就可以稍稍休息，如此练习三四次。若要达到健身的效果，每分钟最少要跳 100 次，但也不要太多，过量了就会让人产生疲劳感。

跳绳前可以做一做拉伸热身：

（1）站立，一条腿尽量往后踏一步，保持脚底着地，身后的那条腿保持笔直，前腿弯曲，身体垂直。双臂尽力往后拉。坚持 8~12 秒钟，换腿再做一次。

（2）站立，一条腿往前伸并保持笔直，后腿弯曲，身体微微向前倾，双臂在体前平举。坚持 8~12 秒钟，换腿再做一次。

（3）站立，跷起一腿，用手抓住脚，尽量靠近臀部。保持臀部平衡，膝盖并拢，直立的那条腿微微弯曲，如有保持平衡的困难，可以扶住墙或椅子。坚持 8~12 秒钟，换腿再做一次。

（1）　　　　　　（2）　　　　　　（3）

此外，跳绳时需要注意以下事项：

（1）绳子软硬、粗细要适中。初学者通常宜用硬绳，熟练后可改为软绳。

（2）跳绳者应穿质地软、重量轻的高帮鞋，避免脚踝受伤。

（3）跳绳时需放松肌肉和关节，脚尖和脚跟需用力协调，防止扭伤。

（4）选择软硬适中的草坪、木质地板和泥土地的场地较好，切莫在硬性水泥地上跳绳，以免损伤关节。

（5）胖人宜采用双脚同时起落。同时，上跃也不要太高，以免关节因过于负重而受伤。

# 呼啦圈

摇呼啦圈是一项简单方便的家庭健身运动，随时随地都能玩。转呼啦圈可以很好地锻炼腹部和后背，提高血液循环，帮助肠道蠕动，帮助消化和排便，更好地帮助人健美塑身、清除体内的垃圾，达到健身美容的效果。

摇呼啦圈前的拉伸热身：

（1）双臂上举伸直，贴于双耳两侧，双手合十。两腿略微分开，脚尖向前，收腹挺胸，尽量挺直脊柱，手臂内侧的肌肉收紧，利于手臂塑形。

（2）吸气，上半身尽量向后仰，手臂下垂，保持身体的重心，腰、腹、胸都有向上、向后延伸的感觉，保持15秒钟，以此加强腰部、腹部和臀部的肌耐力。建议颈椎有问题的人脖子不要向后仰，要有下颌向

（1）　　　　　（2）　　　　　（3）

上拉的感觉。

（3）吸气，上身慢慢向前俯，双臂向前伸，双手合十，感觉臀部向后拉伸。上身尽量前屈，使脊柱得到充分延展，尽量让上半身、手臂都与地面平行。

（4）身体姿势回到动作1。

上半身向右侧弯曲，髋部尽量向左推，头朝上，眼睛向上看，保持15秒钟之后再做另一侧的伸展。

（4）

（5）仍然从动作1开始。

双脚分开大约是肩宽的两倍，脚尖内扣，呼气，上身前屈，手臂向身体两侧水平伸展，让上身和手臂与地面平行，抬头、挺胸、脊柱挺直，保持10秒钟。慢慢起身收回。

（5）

# 爬山

爬山既是有氧运动，又有力量练习的成分，而且运动量、运动强度可以根据自己的体力、身体素质进行调节。可以说是一项健身作用较全面而危险性相对较小的锻炼方式。爬山有一些很好的养生功能：

（1）可以促进毛细血管功能。经常爬山可以让你感觉全身舒爽通畅，同时对预防心脑血管疾病有明显作用。

（2）可以强筋健骨。经常爬山可以使骨骼的血液循环得到改善，骨骼的物质代谢增强，使钙、磷在骨骼内的沉积增多，骨骼的弹性、韧性增加，并有利于预防骨质疏松，延缓骨骼的衰老。

（3）可以使人精力充沛。经常爬山，能改善中枢神经系统的机能，使人精力充沛，动作敏捷，工作效率提高。爬山可以改善大脑的供血状况，降低神经系统的疲劳和精神紧张，提高睡眠的质量。

（4）爬山对于提高腰腿部的力量，行进的速度、耐力，身体的协调平衡能力等身体素质有显著效果，还有利于加强心肺功能，增强抗病能力。

（5）减肥。对于现代都市人来说，肥胖已经是越来越突出的问题。爬山是强度较低的运动，由于供氧充分，持续时间长，总的能量消耗多，所以是非常理想的减肥运动。

（6）爬山可以使人回归自然，跋山涉水，静思养神，全身沐浴大自然的精气和香气，洗净城市尘嚣，有利于摆脱不良的心境，使精神、心理更健康。

在进行爬山之前应当做一些适当的锻炼，特别是要针对大腿前部的股四头肌进行相关锻炼。具体的方法如下：

（1）站立，两脚分开站立与肩部同宽。

慢慢地从一数到五，同时下蹲，膝盖处的角度不要小于90度角，保持膝盖一直在脚尖的正上方，但是前端不要超过脚尖。

然后从一数到二，慢慢站起来，站起来的同时向上举起双臂，这样可以同时锻炼你的腰部和胸腔，进行 15 次练习。

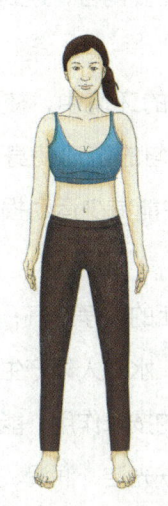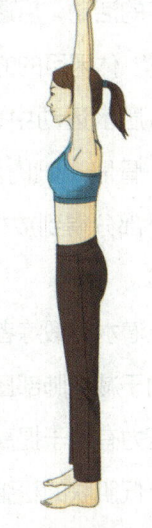

（2）一只脚站在路沿上，另一只脚在路沿下，两只脚平行站立，使路沿下的脚刚好在另一只脚的下方，将你全身的重量都压在路沿下的那只脚上。

然后慢慢下蹲，并从一数到二，每次下蹲膝盖弯曲的角度不要小于 90 度。进行锻炼，不可少于 15 次。

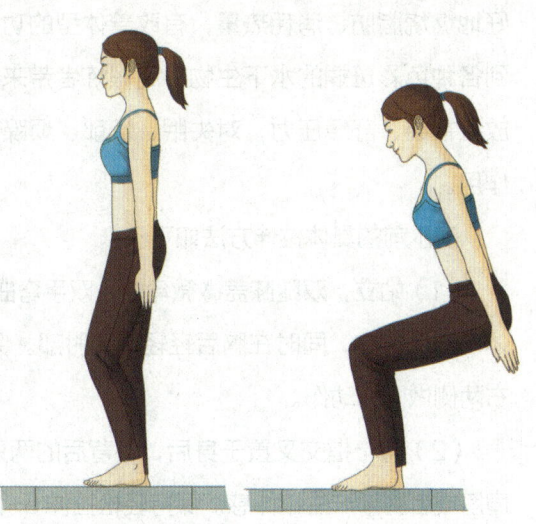

# 潜水

潜水的原意是为进行水下查勘、打捞和水下工程等作业而进入水面以下的活动，后逐渐发展成为一项以在水下活动为主要内容，达到锻炼身体、休闲目的的休闲运动，广为大众所喜爱。

潜水运动中，全身骨骼和肌肉处于类似失重的环境中，使得关节、骨骼、肌肉承受的压力大大减轻，并通过均匀的游动使身体的每一部分得到放松，可以起到极佳的健身效果，并能减少运动损伤的危险。

潜水时锻炼者呼吸的是经过多级净化后压缩入瓶的纯净空气，因而有助于减少肺部压力，改善肺通气，提高呼吸功能。水对人体产生的均衡压力有助于提高皮下血管的循环功能，具有特殊的按摩作用，能够有效降低肌肤的松弛和老化的过程，经常锻炼可使肌肤光洁、润滑、富有弹性。

水下运动要不断克服阻力，能量消耗较大，因而比陆上运动能更好地燃烧脂肪、消耗热量，有改善体型的功效。并且在水下能够观赏到各种色彩斑斓的水下生物，给锻炼者带来极大的精神享受，有助于放松神经、舒缓压力，对失眠、忧郁、烦躁不安等症状有一定的改善作用。

潜水前的具体拉伸方法如下：

（1）站立，双腿膝盖微微弯曲，双手弯曲置脑后。从髋部开始将身体向一侧弯曲，同时在脑后轻轻牵动肘部。保持轻松拉伸10秒钟。左右两侧做同样动作。

（2）将十指交叉置于身后，将背后的两只手臂向上举，直到手臂、肩膀或者胸部产生拉伸感。保持轻松拉伸5~10秒钟。

（1）　　　　　　　　　（2）

（3）坐位，两脚合十，双手握住双脚脚趾。

轻轻地由髋部开始向前弯曲身体，至腹股沟处有微微的拉伸感，保持20秒钟。

（4）蹲位，将一条腿向前移动，大腿垂直于地面，膝盖不要超过前脚趾，另一条腿的膝盖置于地上，将髋前部向下压，直到有微微的拉伸感。保持这个姿势10~20秒钟。

在掌握基本技巧的前提下进行潜水锻炼，是不易造成运动伤害的，但锻炼时仍需注意一些问题，以减少危险的发生。参加潜水运动前最好做全身体检，如患有高血压、心脏病、糖尿病、感冒、神经过敏、白内障等症的人及有长期服药史的人都不宜进行潜水锻炼。

下水前应做好充分的准备活动。一旦发生抽筋，要保持镇静，腿部抽筋时可用力将足趾拉开、扳直，让收缩的肌肉伸展和松弛；手指抽筋时可重复握拳、张开的动作，即可缓解不适。近视患者可选择有度数的潜水镜，但不宜同时佩戴隐形眼镜，否则容易让水冲走，而且隐形眼镜

（3） （4）

会在上升时阻碍眼睛排出氮气，对身体造成损害。

在海底时，不要用手脚触摸一些不认识的生物，以免引起一些有攻击性生物的反击，造成危险。

潜水后如果有恶心呕吐等症状，可以服用人丹，或生吃几瓣蒜；如果有头痛症状，可用大拇指在头顶百会、太阳及列缺穴按揉，并用热毛巾敷头，即可好转；如果有眼睛痒痛症状，可用清洁的淡盐水冲洗眼睛，然后用氯霉素或红霉素眼药水点眼，在临睡前最好做眼部热敷。

# 第三章
## 各种疼痛的拉伸消除方案

# 第 1 节
# 头颈部拉伸

## 缓解颈部酸痛拉伸

颈部不适时,我们可以试试下面几种缓解颈部酸痛的拉伸方法:

(1)自然仰卧于床上。

选择软平的枕头,双臂自然放于两侧,首先,头和颈部用力向下压枕头,双臂保持不动,切勿撑在床上,收紧腹部肌肉,保持这样的姿势 5 秒钟后,还原放松,反复练习 8 次。

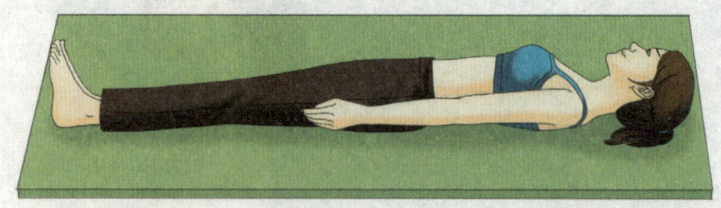

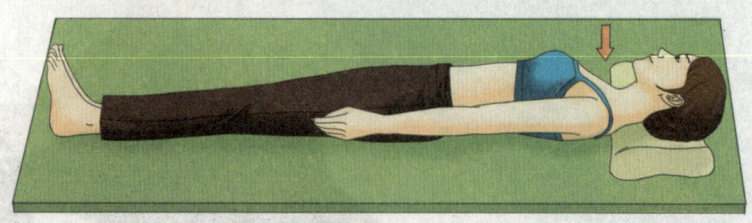

(2)俯卧于床上,双腿自然并拢,双手于头顶交叉抱住头。

首先上半身用力向上挺起 30~40 度,同时头部用力上抬,双臂辅以助力,深吸一口气,保持姿势 5 秒钟后,深呼一口气回到自然俯卧,

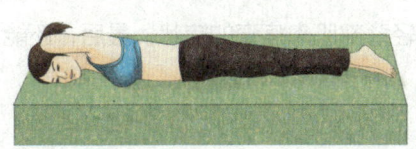

反复练习 8 次。

（3）面朝左侧，自然卧于床上，选择较硬的枕头。双臂绷直垂于两侧。

首先，头和颈部慢慢向上抬起高于枕头 25~30 厘米，注意上身保持不变，停顿 5 秒钟后回到自然侧卧，以同样的动作要领，进行右侧卧练习，两侧分别练习 8 次。

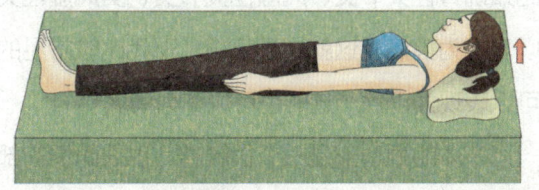

（4）自然站姿，双腿分立，与肩同宽，双手叉于腰际。

首先，头部向身前弯曲，尽量使下巴触及胸部，保持 5 秒钟之后，回到自然站姿。然后身体尽量向后仰到最大极限，同样保持 5 秒钟再还原，反复练习 8 次。

如果长期坚持练习以上

四步保健操，效果将非常显著。首先，它能够缓减颈椎疲劳，改善其功能。其次，它能促进血液循环，减轻背部肌肉痉挛的症状。最后，还能消肿止痛。

# 颈项部经筋痹病拉伸

痹病也叫痹证，是中医对于表现为肌肉筋骨疼痛的症状的一类疾病的总称。痹病不仅发生于四肢，也发生于躯干，颈项部也是好发部位之一。

痹病是中医的一个名词，它和西医的疾病并没有明确的对应关系。比如说骨性关节炎、风湿性关节炎、类风湿性关节炎等各种关节炎，可以表现为疼痛，这就属于痹病；现代比较常见的颈椎病、腰椎病，同样可以表现为疼痛，这时也可以称为痹病。

人体的颈项部是一个很敏感、也很脆弱的部位。平时脖子总是露在外面，很容易感受外界的风寒邪气。同时，颈项部相对来说比较细，内部又有重要的神经、血管、气管等通过，如果受伤的话，很可能造成严重的后果。因此，大家在平时一定要保护好这个位置，如果出了问题，出现了疼痛，要及时治疗，而且要采取正确的方式、正确的手法来进行康复锻炼。否则的话，很可能会适得其反，带来更为严重的后果。

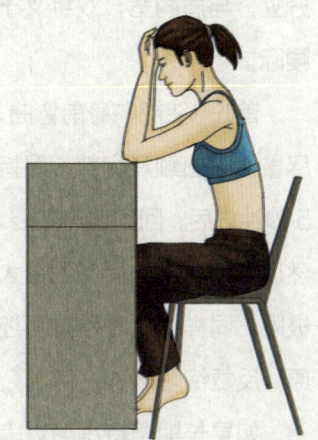

下面为大家介绍几种简单易行的颈肩部的康复锻炼方法，帮助您远离疼痛的困扰。

## 1. 支撑头部

经常伏案工作的人，颈部的肌肉长期处于紧张状态，这会导致颈部疼痛和僵硬。遇到这种情况的时候可以在桌子前坐好，身体前倾，将肘部放在桌子上，用手掌托住额头，保持 3~5 分钟。这样做有助于缓解肌肉的紧张状态，从而缓解颈肩部的疼痛和僵硬感。

## 2. 抬升运动

坐在椅子上；将双手放到椅子边缘，支撑身体，使腿部和臀部向上抬高，保持这个动作 5 秒钟，重复几次。

这个方法适合整天坐在办公室里的上班族，可以起到锻炼肩部肌肉、放松颈部的作用。

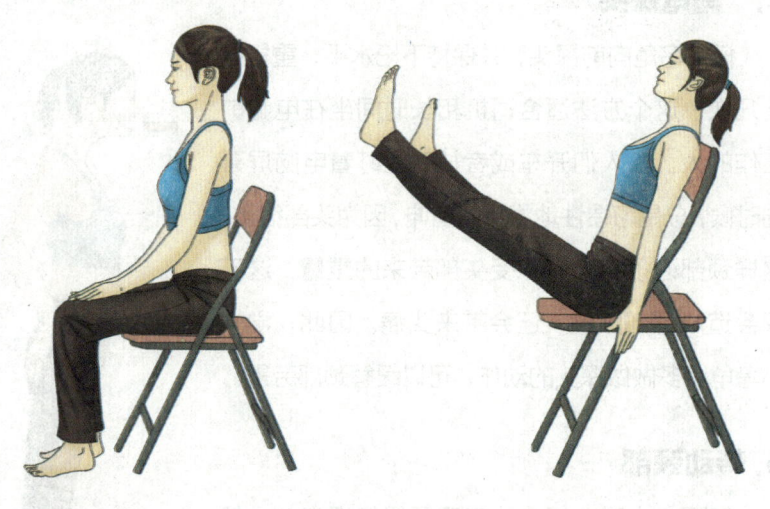

## 3. 收缩肩部

坐直，伸直脊椎，就好像你要长高一样。然后将双手放到腿上，此时让双肩向后靠拢。保持这个姿势 15 秒钟后放松，然后再重复几次。

这个动作相对来说伸展幅度较大，适合晚上在家看电视的时候进行。

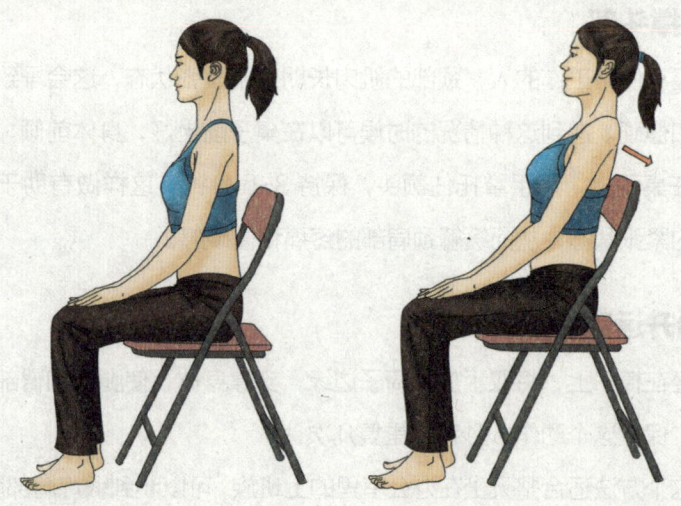

### 4."乌龟探头"

模仿乌龟向前探头,并保持下巴水平,重复做十几次。这个方法适合司机和长时间坐在电脑前工作的人。在人们开车或者长时间盯着电脑屏幕的时候,总是习惯性地将头向前伸,因为头部很重,这样颈部必须长时间承受头部带来的重量,这不仅会造成颈部酸痛,还会带来头痛。因此,学学小乌龟,多做做探头的动作,可以缓解颈部劳累。

### 5. 转动颈部

每隔1小时,低头让下巴尽量靠近胸部,然后360度旋转颈部,重复几次。也可以用头来写"米"字或者"大"字,这样可以使得颈椎及颈肩部肌肉都得到一定的锻炼。这个动作不但能帮助赶走疼痛,而且对颈椎病也有很好的预防作用。

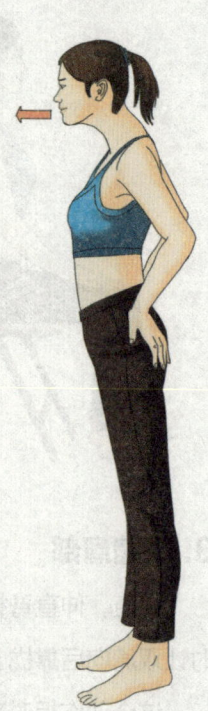

# 肩周炎康复拉伸

肩周炎虽然只是肩部问题，但对此病的防护，我们在生活中要时时注意。平时保护肩关节，要注意防寒保暖。尤其是肩部，即使在炎热的夏季也不要过多地接触冷气，如空调。

合理运动，非肩周炎患者可做柔软体操、太极拳、八段锦等舒缓运动，肩周炎患者可做一些前面提到的功能锻炼或类似运动。但是，为防止肩关节肌肉、组织损伤，在运动前，应充分活动上肢，做做甩手等动作。

对于经常伏案、双肩经常处于外展工作的人，要注意纠正不良姿势，避免造成慢性劳损和积累性损伤。如果你患有肩周炎或是常常感觉肩部疼痛，不妨试试手部拉伸，方法很简单：先以右手的手掌背贴住背脊，掌心向外，手指朝上。然后再以左手手指从左肩向下伸，与右手手指互勾。至少要使两手的示指、中指、无名指互勾。起先勾不到，可以用绳子做成绳环帮忙。以左手握着绳环向背后垂下，让右手的手指勾住，再以左手用力向上拉高，若手部肌肉酸痛要忍耐，拉数分钟再放开休息。每天拉几次，每次拉数分钟，当手部肌肉渐渐变软变长，便可以不用绳环帮忙，直接以两手的手指互勾，练习至少半分钟或一分钟。初练时，经常觉得肩部有如混凝土般僵硬紧绷，非常不舒服，此时需要忍耐。

需要注意的是，一般来说，人们左手在下，右手在上互勾较为容易。因此，如果在使用右手在下、左手在上的方法时总是勾不住手指，则可以先选用左手在下、右手在上的方式，练习一段时间后再使用右手在下、左手在上的方式来拉手筋。只要你坚持练习手部拉伸一段时间，就会发现肩部疼痛的症状得到了明显的缓解。这是因为手部拉伸可以舒活肩部筋骨，能对肩部进行有效的解结松筋，从而恢复肩部肌肉的柔韧性及肩部关节的灵活性。

接下来再介绍一套治疗和缓解肩周炎的拉伸运动：

## 1. 抡拳绕肩

自然站立，双手握拳。

先右手从前向后抡 15 圈，再换左手同样抡 15 圈。

## 2. 耸肩运动

自然站立，双手叉腰。

做上下、前后耸肩运动，连续 30 下。

## 3. 揪耳运动

自然站立,双脚分开与肩同宽。

右手从脑后绕过,揪住左耳的耳郭,连揪 15 下,然后换左手揪右耳郭,重复相同的次数。

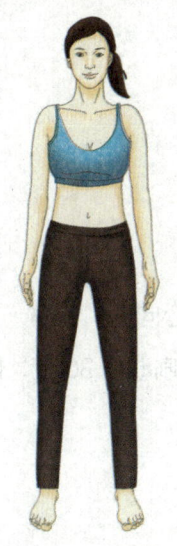 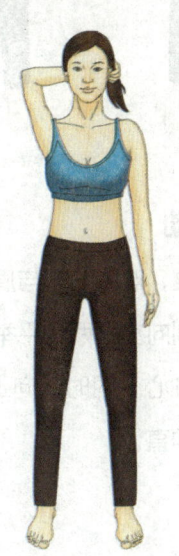

## 4. 举手仰头

自然站立,双脚分开与肩同宽。

双手十指交叉,手心向上,举过头顶,仰头看手指。

然后上下、前后各摇动 30 次。

## 5. 展臂运动

自然站立,双脚分开与肩同宽。

双臂分别向左右两侧平举至肩高,手心向下。

以肩为轴心,同时做向上、向下飞翔扇动各 30 下,做的过程中始终保持手臂伸直。

## 6. 托头运动

取仰卧姿势,双手手心向上、十指交叉,枕于脑后,以肩为轴用力向上托头 20 下。

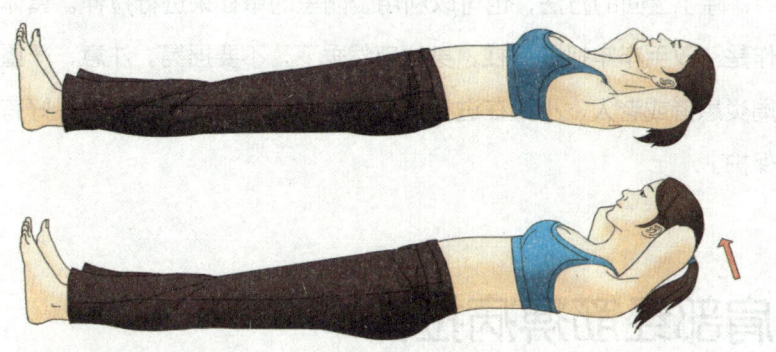

## 7. 晃肘运动

自然站立,两臂交叉抱肘。

然后以肩为轴,先上下晃动 30 下,再左右晃动 30 下。

以上七式,每天进行2次,可有效缓解肩周炎症状,疗效显著。

除了上面的方法,也可以利用公园里的单杠来进行拉伸。具体操作是:双手牢牢抓住单杠,身体自然垂下,不要摇晃。注意,严重肩周炎患者或老人、小孩在进行此类拉伸时脚不能离地,而且最好有人保护。

# 肩部经筋痹病拉伸

肩背部的疼痛,一般也是由于气血瘀凝,阻滞经络,不通则痛,引起局部的疼痛。平时采取一些锻炼的手法,可以帮助气血运行,经络通畅,促使身体康复。下面介绍一些简便易行的康复锻炼方法,供大家参考。

## 1. 举重法

患者直立，双脚分开与肩同宽。

两手握虚拳并屈肘使双拳在胸前与肩平，然后双虚拳放开呈掌心向上，两臂向上直举如托重物，努力高抬上举，最大限度地抬头挺胸，停顿后两手缓慢下降还原。

## 2. 错身法

患者直立，双脚分开与肩同宽，两手自然下垂。

然后右臂屈肘，右手前摆到右肩，同时左臂屈肘，左手摆到右肩胛角处，尽量幅度加大，稍做停顿，还原姿势后左右交替进行。

## 3. 推伸法

患者直立，双脚分开与肩同宽，两手叉腰。

然后身体向左侧屈,左手沿体侧向下缓慢伸直,右手沿体侧上至腋下胸肋部,停顿,还原后左右交替进行。

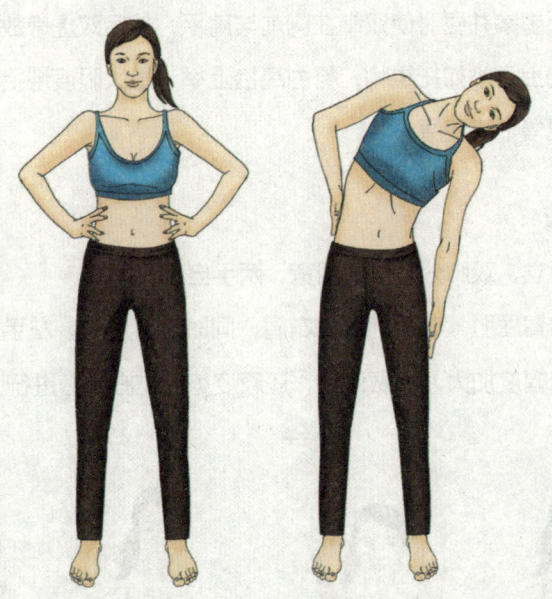

### 4. 提物法

患者直立,双脚分开与肩同宽,两臂下垂。

健侧臂屈肘向上提起,掌心向前,直至超过头顶向患侧搭住颈项部,然后停顿还原;再由患侧臂屈肘向上提起掌心向前,最大限度地提向健侧以搭住颈项部,健侧臂屈肘在体后上提以手背贴于腰背部,让患侧手掌经过头顶由体前下垂然后还原。

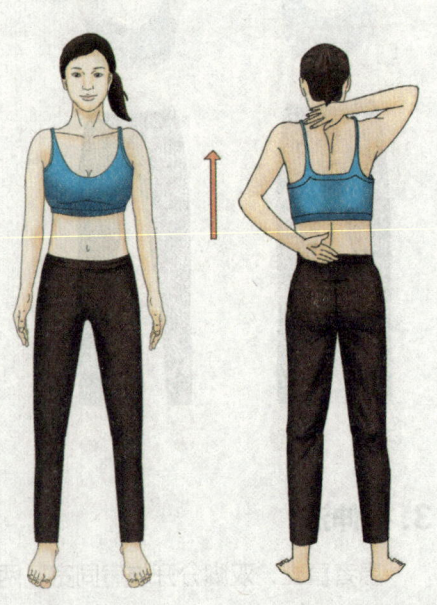

## 5. 单举法

患者直立,双脚分开与肩同宽。

右臂屈肘向上提起,掌心向上,提过头顶,右掌横在头顶上,掌心保持向上,左臂同时屈肘,掌心向后,自背后向上提拉,手背贴于后腰,尽量使右掌上托,抬头挺胸。左右交替进行。

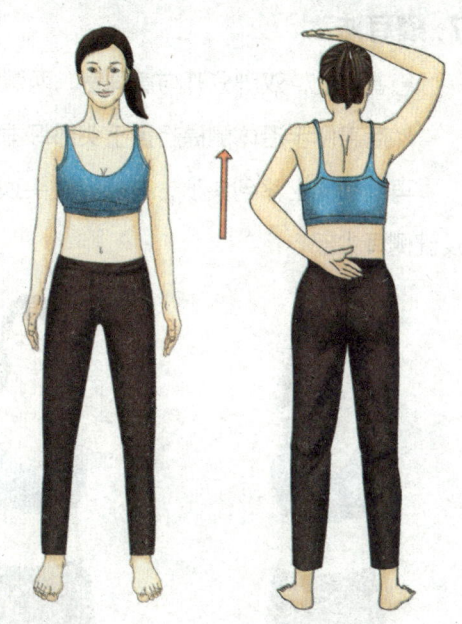

## 6. 旋转法

患者直立,双脚分开与肩同宽。

两臂屈肘夹于腰际,两手握拳,拳眼向内相对。

然后两臂外旋使拳眼朝外,停顿后还原。

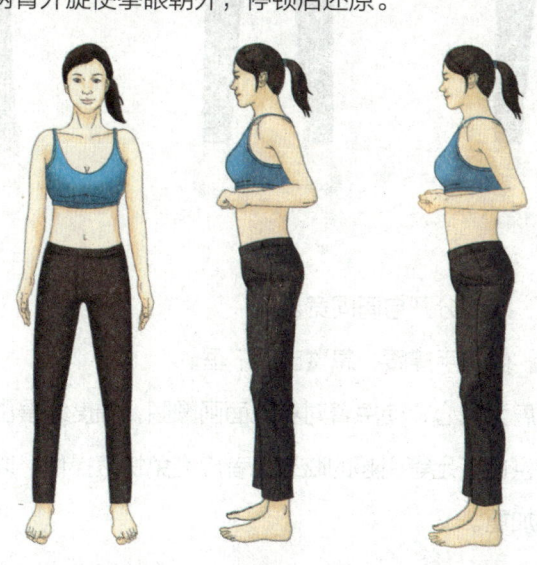

## 7. 摸耳法

患者直立，双脚分开与肩同宽，两臂自然下垂。

然后患侧手沿体侧提起置于头部耳垂处。

再继续向上移到头顶，并要经过头顶向对侧耳部移动，最大限度触及健侧耳尖部。

## 8. 弯腰法

患者直立，双脚分开与肩同宽。

上身前屈，健侧手撑腰，患臂自然下垂。

然后以患肩为轴心，使患臂对着地面画圆圈，幅度缓慢由小到大。有高血压、脑供血不足等引起的眩晕患者应避免快速操作，以免意外摔倒，引起病情加重。

## 9. 拉手法

患者直立,双脚分开与肩同宽。

两手置于身体背后,以健侧手握住患侧手,由健侧手牵拉患侧手臂,达到最大限度后回推,拉推的动作须带动患侧的肩关节才有效果。

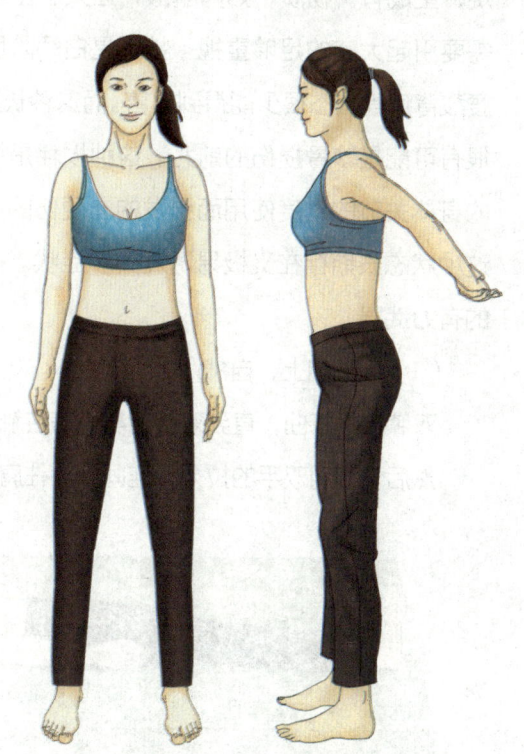

# 第 2 节
# 腰背部拉伸

## 缓解背部疼痛拉伸

工作时间长时，会觉得腰酸背痛，这是缺乏蛋白质的严重警告。蛋白质会在人体快速燃烧脂肪。当蛋白质不足时，脂肪就不能充分燃烧，生成有害物质，如丙酮酸，让人感觉酸痛。但是，另外一种情况需要引起大家的足够重视：特别是白领阶层，由于长期的伏案工作，腰酸背痛等状态很少能得到改善。而这种长期的腰酸背痛状况的发生，很有可能是软骨损伤的前兆。这种损耗是指长期高强度的生活所带来的身体关节的过度使用而引发的非硬伤的疼痛、僵硬等不适感，并且这种状态长期存在又极易诱发关节症状。拉伸是改善这种亚健康状态的有力武器。

（1）面部朝上，自然仰卧于床上。

双膝自然弯曲，直到双手能与膝盖接触，并将其抱紧。

然后，利用双手的拉力，连同膝盖往肩部拉伸，反复练习 5 次。

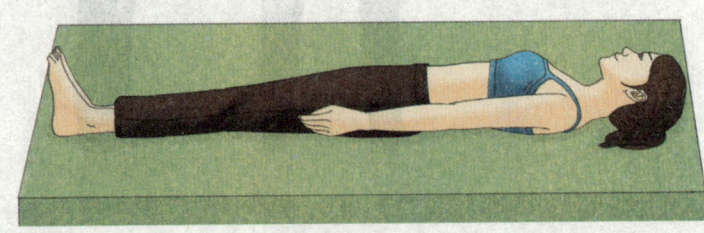

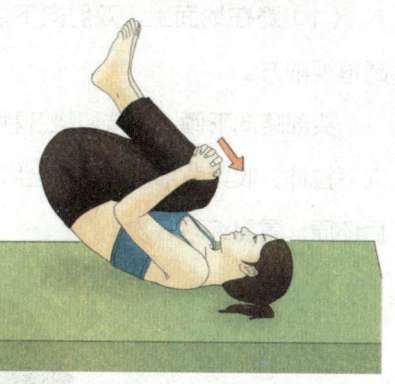

（2）半跪于地面上，利用双臂和膝盖的力量支撑身体。

先将右手向前伸直，同时左腿向后抬起，保持绷直，停顿5秒之后，还原到跪姿。交换右手和左腿重复练习同样的动作。这个动作适合电脑一族经常练习，它能减轻背部疼痛。

# 居家背部保健拉伸

长寿是一个不断被人们提起的话题，如今它已不仅是我们的一种愿望，更是我们生活和努力的一个方向。自古就有长寿与脊椎相关一说，脊椎好人才能长寿。所以，居家生活要多活动脊背，保养我们的"诸阳之会"。不妨来试试拉伸练习：

（1）跪在地面上，双肘向下接触地面，背部自然上拱成弓形，眼睛直视前方。

头部略向下倾，保持姿势 3 秒钟后抬起头部，与此同时，背部用力向下拉伸，收紧背部肌肉，体会肩胛骨向后拉扯的紧张感，保持 3 秒之后还原。重复练习 8 次。

（2）自然平躺在地板上，两腿保持并拢。

左右两手握住毛巾两端。

然后右腿用力向上抬起，并将毛巾绕到脚掌上，腿绷直，来回拉

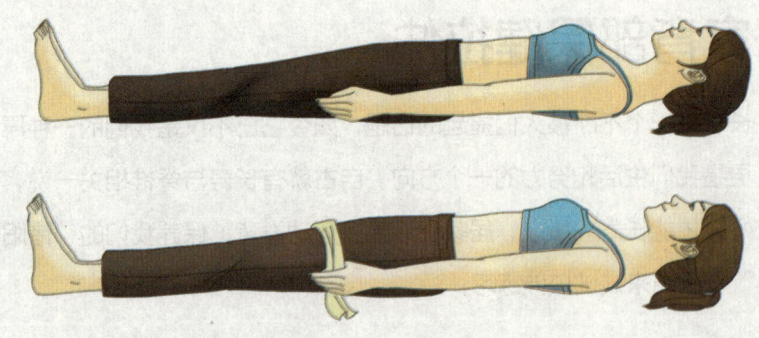

动毛巾,最大限度与身体接触,保持姿势3秒钟后回到自然仰卧,交换左腿重复练习,各10次。

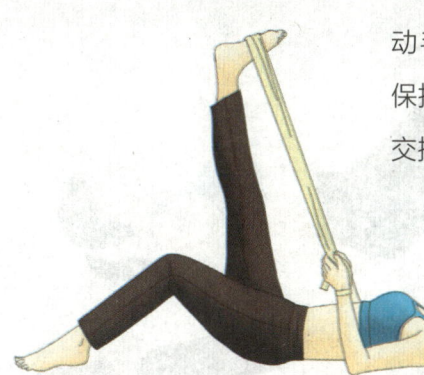

(3)自然平躺在地板上,左右脚在脚踝处交叉,双臂放于两侧。

首先,朝一个方向缓缓转动骨盆和腿部,再往相反的方向转动头部,到极限后保持3秒钟。交换方向继续练习10次。转动的过程中,肩部保持不动。

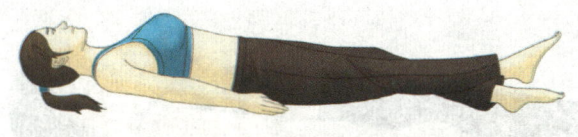

(4)自然平躺在地板上;双腿自然屈膝。

然后慢慢将膝盖移到胸前部位,双手从身体两侧伸出,在膝盖下方交叉抱拢。

然后用力往前伸直双腿,此时双手紧抱住腿部,直到双膝与胸部紧密接触,保持姿势3秒钟后还原,重复练习10次。

（5）自然平躺在地板上，双臂平放，双腿保持绷直并拢。

左腿经右腿膝盖上方弯曲，直到左膝能与地面接触，停留 10 秒钟之后还原，换右腿重复练习，各练习 10 次。注意，绕膝过程中肩部保持不动。

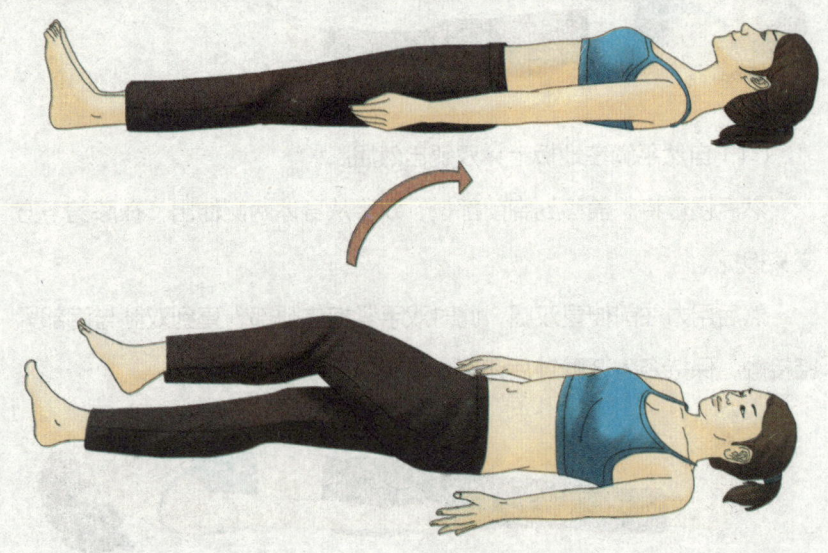

# 防治腰肌劳损的拉伸

有一种很常见的腰病，在以腰骶关节为中心约一巴掌大的地方，或隐隐作痛，或酸痛不适，早晨起床时减轻，活动后加重，不能久坐、久站，弯腰困难，这就是我们常说的腰肌劳损。这类患者虽然大都能正常生活和坚持工作，但时间一长，便会影响工作效率，降低生活质量。

很多人认为，腰肌劳损是衰老造成的，其实若究其原因，错全在自己。长期弯腰劳动用肩扛抬重物，腰部闪挫撞击未全恢复，或积累陈伤，使筋脉受损，气滞血瘀，阻塞不通，筋脉失于滋养，自然就会疼痛劳损。此病大多与天气变化有关，如阴雨或感受风寒潮湿等则症状加重，所以那些不懂得加衣保暖的人，受病痛之苦也就顺理成章了。要想防治腰肌劳损，日常生活中可以经常进行以下几种拉伸练习：

（1）站立姿势，双腿自然分立；双手向后抱住颈部，上半身先向前倾；然后向左右两侧做转体运动，交替进行20次。

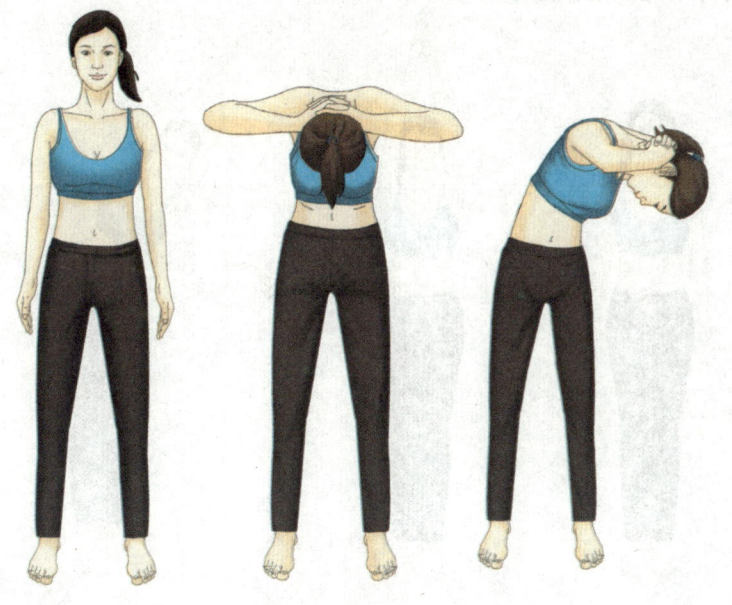

（2）站立姿势，双腿并拢绷直。双臂上举至头顶上方。

然后身体向后弯曲，保持姿势 4~6 秒钟，重复练习 8~10 次。

（3）站立姿势，双腿并拢绷直。

双臂上举至头顶上方，并成合掌姿势。

然后上半身先向右侧下压，保持 4~6 秒钟之后，向左侧重复同样的动作，左右交替练习 10 次。

（4）端坐于地板上，左腿从左侧向前伸展，右腿向内自然屈膝，上身挺直。

上半身先用力向右侧弯曲，右腿从右侧向前伸展。左右两只手臂同时向右伸直，充分拉伸左腿，保持姿势 10 秒钟之后，交换方向，向左侧充分拉伸右腿。左右交替各练 2~4 次。

（5）端坐于地板上，然后双腿自然分开。

上半身用力向前弯曲，同时带动双臂向前伸展直到接触地面，保持姿势 10 秒后，稍稍调整再继续练习 2~4 次。

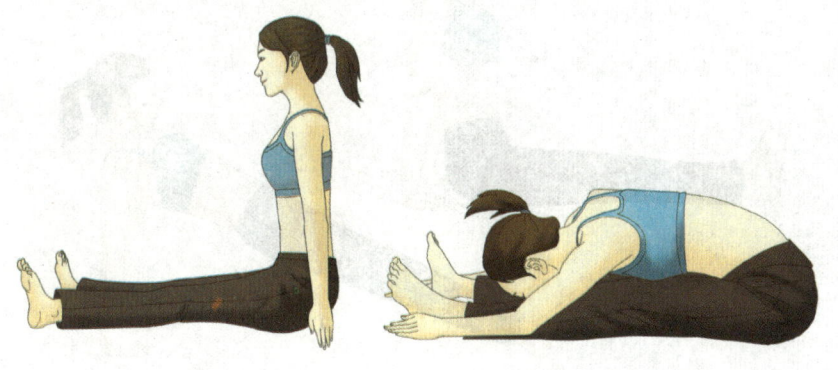

（6）端坐于地板上，双腿自然并拢。

上半身向前弯曲，带动双臂向前伸展，直到双手能触及脚踝。

然后双臂向内同时发力拉伸双脚，保持姿势10秒钟之后，稍做调整再继续练习2~4次。

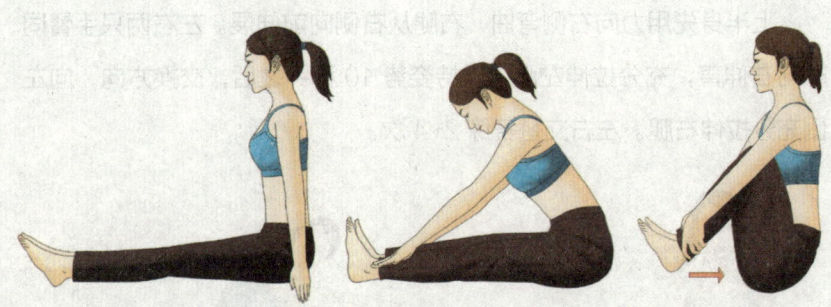

（7）端坐于地板上，双腿向前伸直，双臂垂于体后，撑住地面，上体直立。

然后利用双腿和双臂支撑的力量，身体慢慢向前挺出，同时带动收紧的臀部向上提起，保持姿势10秒钟之后，稍做调整重复练习4~6次。此动作，可以充分拉伸身后各部肌肉。

（8）自然仰卧在地板上，双臂自然分开放于身体两侧，双腿微微弯曲向上抬起。

接着，屈膝的双腿同时向左侧倾倒，上半身保持不动，双腿再向右侧倾倒，左右交替练习20次，此动作可以充分伸展两侧腰部肌肉。

（9）自然俯卧在地板上，双腿绷直并拢。双臂用力向前伸展，直到与地面接触。

然后慢慢将双腿打开并向上抬起，与此同时双臂也向外打开，尽力伸展，上半身顺势向上抬起。然后回到自然俯卧，重复练习20次。此动作有利于治疗办公一族的腰部不适。

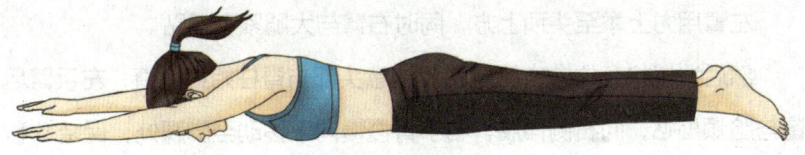

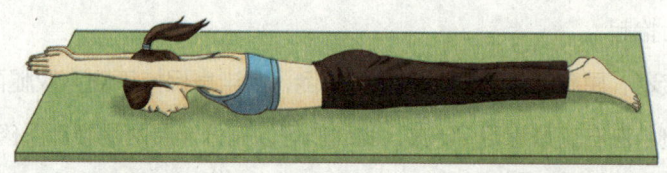

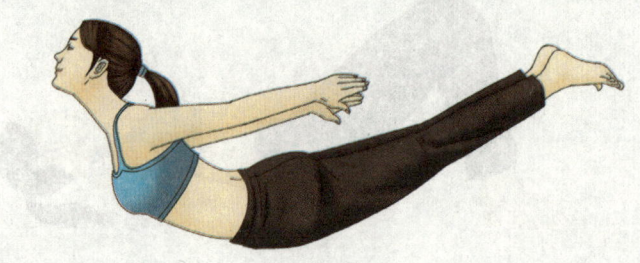

# 防治"空调腰"的拉伸

现在不少人在夏天有浑身不舒服的感觉,睡一觉起来腰酸背痛,这就是因为经常待在空调下的缘故。夏天气温高,人体阳气外发,伏阴在内,气血运行旺盛,并且活跃于机体表面。空调的问世,让我们可以假装不问四季,但我们的身体仍然按时进入夏季,并且按照夏季的规则运行。所以夏季最好不要过度贪凉,以免伤害了体内的阳气。

经常坐在空调房里的上班族,可以多做一些腰部拉伸运动,加快腰部血液的循环,让腰保持温暖。拉伸方法如下:

(1)站伸挺:自然站立,双腿分立,间距约等于两肩宽度。

左臂用力上举至头顶上方,同时右臂与大腿紧密相贴。

然后慢慢将身体向右侧弯曲,注意头部与脊柱始终绷直,左手臂尽量与脸颊相贴,向右侧伸展,右手臂慢慢向下移动至脚踝处,保持5秒钟之后,交替另一只手练习,各10次。

（2）坐伸挺：端坐于地板上，左腿从左侧向前伸展，右腿向内自然屈膝，同时上身挺直。

然后身体慢慢向左腿方向伏倒，使之接触到左大腿。左肩膀与左膝紧密相贴，右手用力抓住左脚脚踝，停顿10秒钟之后，交替另一方向继续练习3次。

（3）自然跪于地面上，上体保持直立；双臂自然垂于身后，轻轻握拢。

挺胸抬头，以双臂的力量向下收缩肩膀。

回到自然跪姿后，双手自然放在小腹处，用力向前伸直的同时背部向后抵抗。

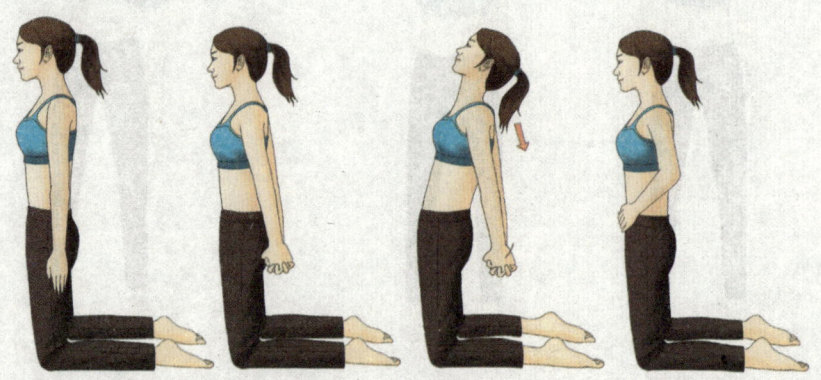

# 电脑族腰部保健拉伸

今天，网络已与我们的生活息息相关，我们不仅可以通过互联网了解世界、学习、购物，而且可以在网上工作、交友、开会、玩游戏等。虽然它带给我们这么多的好处，可我们还是不能高枕无忧地使用它，更不能心无旁骛地和互联网亲密接触。因为和手机一样，电脑也在默默地威胁着我们的健康，也给我们的腰部健康带来了诸多的不良影响。

对于久坐的办公族来说，要想保护腰部，可以试试以下几种拉伸方法。

## 1. 旋腰转臀

站立姿势，双腿分立与肩同宽。

两手叉于腰际，并以身体的中线为圆心，先从左至右旋转臀部，再从右向左做同样的弧度旋转，共练习20次。

## 2. 弯伸腰

站立姿势,两腿伸直,分立成与肩同宽。

上半身向前弯腰,用力向下,直到两只手掌能接触到脚面,再缓慢还原为站立姿势,接着继续向相反的方向,用力下腰,重复练习 20 次。

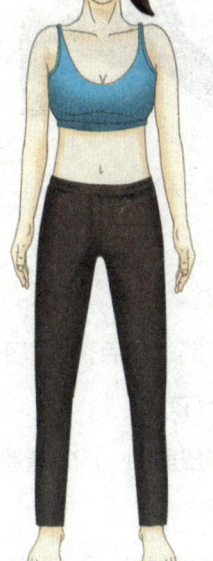

### 3. 侧蹲压腿

先站立，然后将双腿分开到最大限度。

身体向左侧旋转时，右腿弯曲，成弓步，两只手掌皆放于右膝上，可相互重叠。

接着向地面的方向，用力压腿，与此同时，尽力往后拉伸背部和腰部，以同样的动作要领换腿重复20次。

# 克服腰腿痛的皮筋拉伸

准备一根长为1.5米，宽0.08~0.1米的橡皮筋。然后，按以下7个步骤进行操作，该皮筋拉伸对于缓解腰腿痛十分有效。

（1）上拉：在橡皮筋上打一个结，右腿踏着橡皮筋的一端，弯腰手提橡皮另一端。

挺起身体，两手用力拉起橡皮筋到胸前。左右腿交替练习40次。

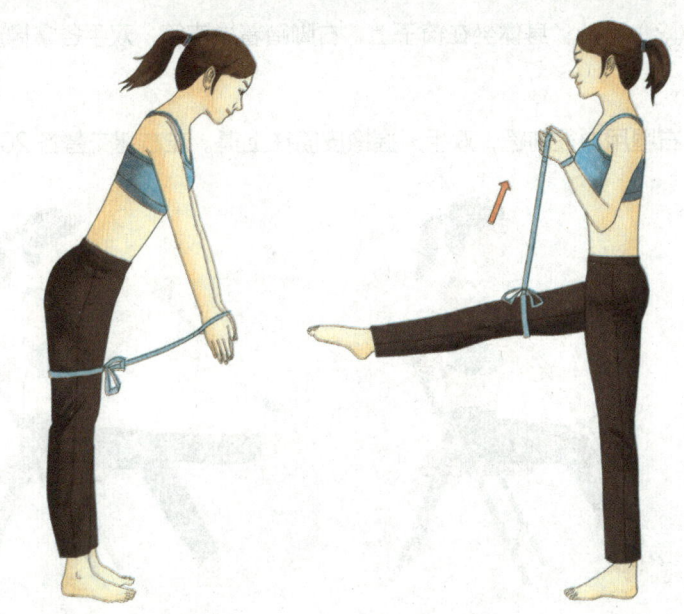

（2）划腿：身体坐在椅子上，小腿穿上橡皮圈。双腿用力往外划。反复进行20~25次。

（3）蹬腿：身体坐在椅子上，右脚踏着橡皮筋，双手各拿橡皮筋的一端。

右腿用力往前蹬，双手紧握橡皮筋往上提。左右腿交替各 20 次。

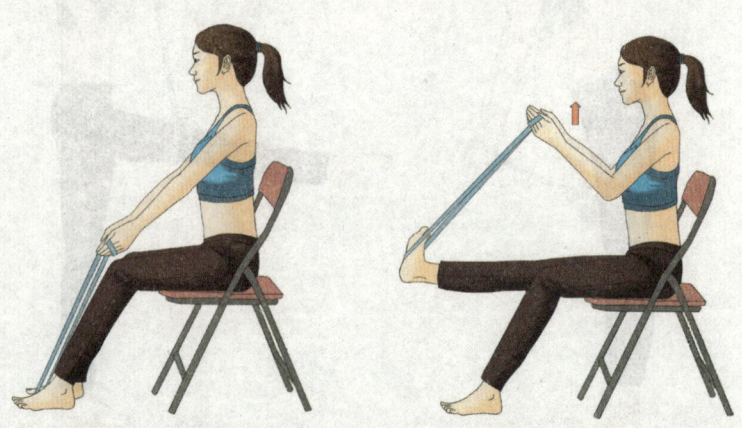

（4）扭臂：身体直立，手臂弯曲穿上橡皮筋。

臂弯不动，手肘往外扭。反复进行 20~25 次。

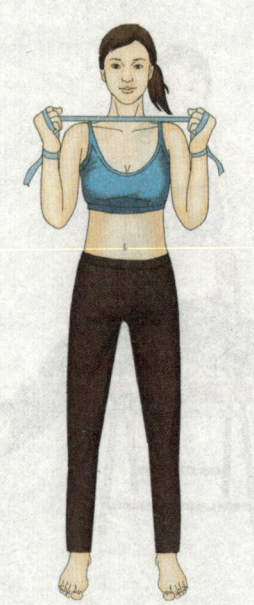
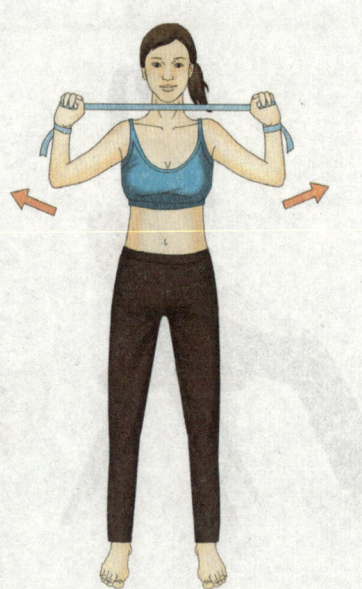

（5）提臂：身体站立，右脚踏着橡皮筋一端，右手提着橡皮筋的另一端；右手臂用力向上提。左右手与左右脚交替练习40次。

（6）扩胸：身体站立，双手紧握橡皮筋放在胸前；双手用力往外平拉，在拉近极限时停留3秒。反复练习20次。

（7）拉手：双手紧握橡皮筋在身体的前面和后面，然后再把橡皮筋拉直。反复练习各 20 次。

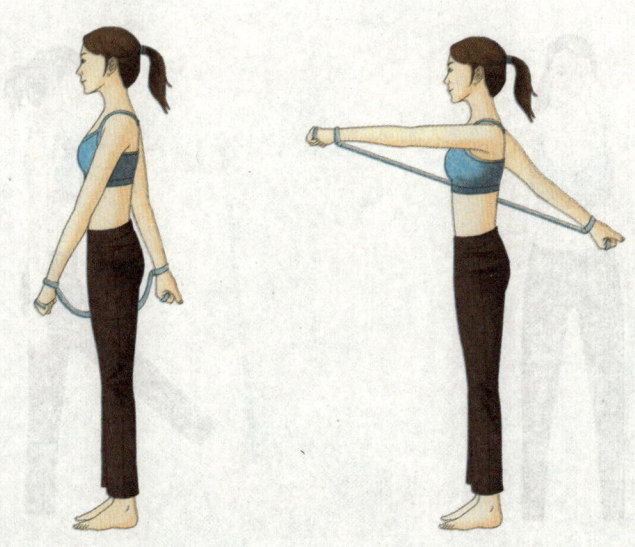

# 坐骨神经痛的办公室拉伸

坐骨神经痛在体内各种神经痛中居于首位，是常见病。坐骨神经痛患者往往表现为右腿疼痛，从大腿外侧到脚部，疼得厉害的时候一秒钟都坐不下去。

坐骨神经痛是由经络不通造成的。大腿外侧只有胆经一条经络，所以可以说，胆经不通是造成坐骨神经痛的原因。那么，坐骨神经痛患者该如何缓解和调养呢？

当胆经发生疼痛时，按摩肺经的尺泽穴会感觉非常痛，压住正确的穴位后，停留在穴位 1 分钟可以立即止住疼痛。为减少发病的概率，平时可以经常按摩尺泽穴。每日睡前用热毛巾或布包的热盐热敷腰部或臀部，温度不可太高，以舒适为宜。

拉伸也是缓解坐骨神经痛不错的方法,具体练习如下:

(1)体转运动。

(2)体侧运动。

(3)腰部绕环。

(4)腰腹运动。

(5)下蹲。

(6)膝绕环。

此外,还要注意以下事项:工作时坐硬板凳,休息时睡硬板床。要劳逸结合,生活有规律,适当参加各种体育活动。

🔺 两脚开立与肩同宽,大小臂屈曲于胸前,小臂朝上,肘部下沉,掌心相对。以腰为轴,左右转体。

(1)

🔺 两脚开立与肩同宽,左手上举,右手叉腰。

🔺 以腰为轴,上体右侧屈,然后右手上举,左手叉腰,向左侧屈,重复几次。

(2)

🔺 两脚开立与肩同宽，两手叉腰，以腰为轴，向左、右绕环，重复几次。

（3）

🔺 两脚开立与肩同宽，两臂上举，掌心向前。

🔺 以腰为轴，先向后仰体，再向前屈体，手指或手掌尽量触地，重复几次。

（4）

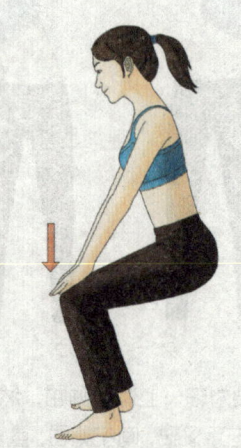

🔺 两脚开立与肩同宽，两手按压双膝，先半蹲再起，重复几次。

（5）

🔺 两脚开立同肩宽，身体半蹲，双手按推双膝，先向左绕环，然后再向右绕环，重复几次。

（6）

# 缓解孕期腰背痛的拉伸

许多女性在怀孕期，尤其在孕期的最后三个月，常会出现腰背痛。这是由于日趋增加的婴儿体重改变了怀孕女性的身体重心。那么，怎样才能缓解孕期腰背痛呢？专家从临床的观察中设计了如下拉伸运动，它可缓解孕妇的腰背痛：

（1）站姿，双腿分立，与肩同宽，脚尖朝前，双手叉腰，深吸一口气。

（2）深吸一口气，身体略向后仰，腹部自然向上挺起。深呼一口气，身体略微向前屈，直至腰部和背部之间呈现拱形，反复练习10次。

孕期避免腰背痛，在日常生活中还要注意以下几点：

（1）注意保暖，避免腰背部受凉。

（2）避免睡过软的床垫（棕榈床垫比较合适）；穿轻便的低跟软鞋行走。到了妊娠中后期可对腰背部进行按摩（需遵医嘱）。

（3）保持良好的姿势。走路时应双眼平视前方，把脊柱挺直，并且把身体重心放在脚跟上，让脚跟至脚尖逐步落地；避免长时间站立；坐下时可在腰部的位置上放一个软枕，增加腰部的承托力，或把两腿提高，或者把脚放在小凳上，双腿弯曲；睡觉时，若为侧卧位，需把双腿一前一后弯曲起来，若为平躺位，在躺下时，可以先把双腿弯曲，支撑起骨盆，然后轻轻扭动骨盆，直到调整腰部舒适地紧贴床面为止。

（4）避免提重物，需要弯腰取物时，保持背部挺直，弯曲下肢，抓起东西然后伸直双腿拿起来，避免腰部弯曲用力。

（5）适当控制体重的增长，避免胎儿过大或孕妇过于肥胖，以减少脊柱及腰脊肌的负荷。

（6）有意改善一些生活细节，有助于预防腰背痛。比如，使用长柄的拖把或扫帚；把办公椅的高度调整到最舒适的位置等。

# 第3节
# 四肢拉伸

## 骶髋部经筋痹病拉伸

腰部和骶部在位置上很接近,疾患表现出来的也通常都是腰骶部的疼痛不适,因此在临床上腰部和骶部常常相提并论,在康复锻炼上,二者也有很多相通的地方。下面介绍几种简单易行的关于骶部及髋部疾病的康复锻炼方法,供大家参考。

### 1. 抬腿

平躺于地板上,双臂置于两侧。轮流抬起脚后跟,使脚后跟抬离地面 10~20 厘米,与此同时,腿保持伸直状态。坚持到腰部发酸后再坚持 5~10 秒钟,重复 5 次。

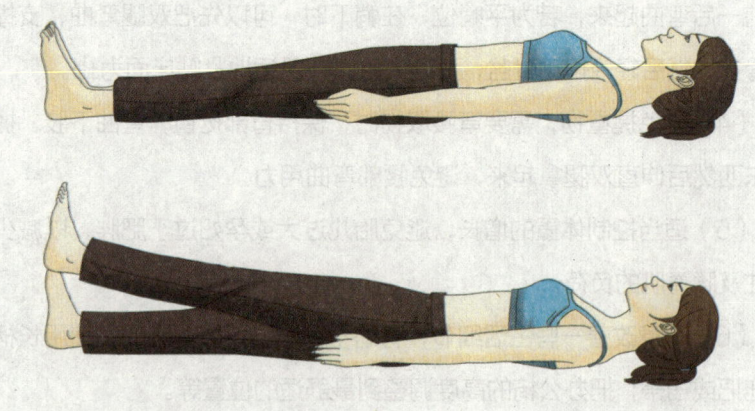

## 2. 沿墙滑动

靠墙站立，双脚分开与肩同宽隔开点；然后下滑，蹲伏，膝部弯曲约 90 度。从 1 数到 5，然后上滑。重复 5 次。

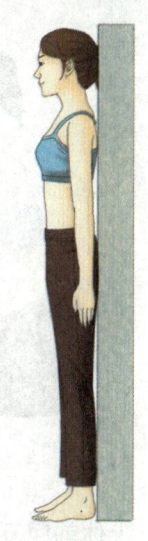
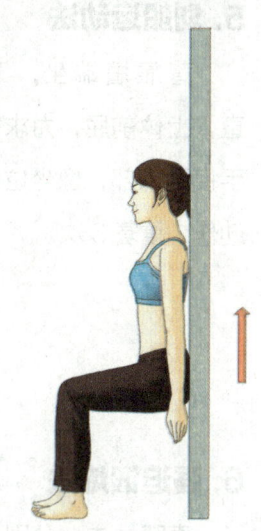

## 3. 抬高臀部

平躺在垫子上，屈膝，使得脚平放在地面上。

然后抬起臀部，腹肌绷紧，与此同时挺直背部，重复 5 次。

## 4. 直腿抬高法

仰卧，下肢伸直，患肢主动上抬，当感觉腰、臀及下肢疼痛时，停住动作，调匀呼吸，慢慢放下休息。重复 5 次。

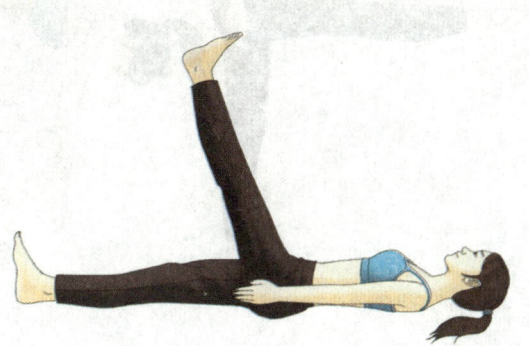

## 5. 划船运动法

背靠墙端坐，下肢伸直，上体前屈，力求每次双手摸到脚部，像坐位划船的动作。重复5次。

## 6. 强迫锻炼法

直腿站立；分别做提腿、上体前屈及侧弯运动。若做某一动作有疼痛，运动受限时，不要中断，应继续运动，但不要过度，每次运动3~5分钟。

## 7. 蹬车活动

坐在一个特制的固定练功车或健身器上,做蹬车活动,模拟踏自行车,重复动作 2~4 分钟。

## 8. 滚球法

仰卧位,双手抱膝,缓慢坐起,重复做坐起运动,形似滚球,每天锻炼 15~20 分钟。

以上动作要柔缓有力,由轻到重,再由重到轻,而后结束。活动范围要由小到大,活动次数亦逐日增加,以达到机体最高耐受程度为准。如运动后疼痛仍不能减轻者,则不适宜此种疗法。

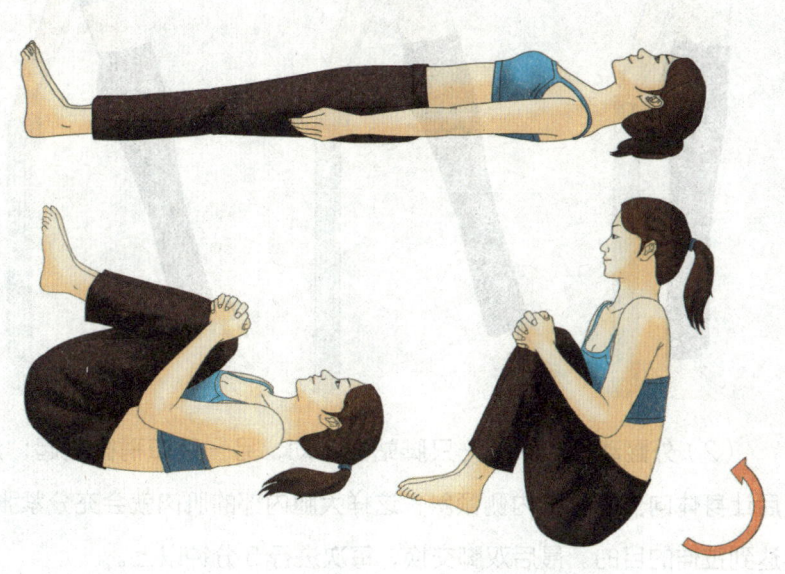

# 踝部经筋痹病拉伸

踝关节是脚部非常容易受伤的部位,因为整个双腿最后的承重都落在我们的脚上。由于重力的原因,整个踝关节都处在不断被挤压的过程中,所以踝部的康复训练最关键的就是将韧带和关节尽量展开。

(1)拉伸运动:这种拉伸运动与芭蕾舞非常类似,就是要把踝关节周围的韧带拉开,最主要的动作就是将双脚向前和向后蹬开。

可先找到一个可以支撑的地方,双脚站好后,用手抵住支撑;双腿一起用力蹬伸,使身体逐渐倾斜;然后是脚尖的竖立动作,将后跟翘起,身体最大幅度地向上拉伸。

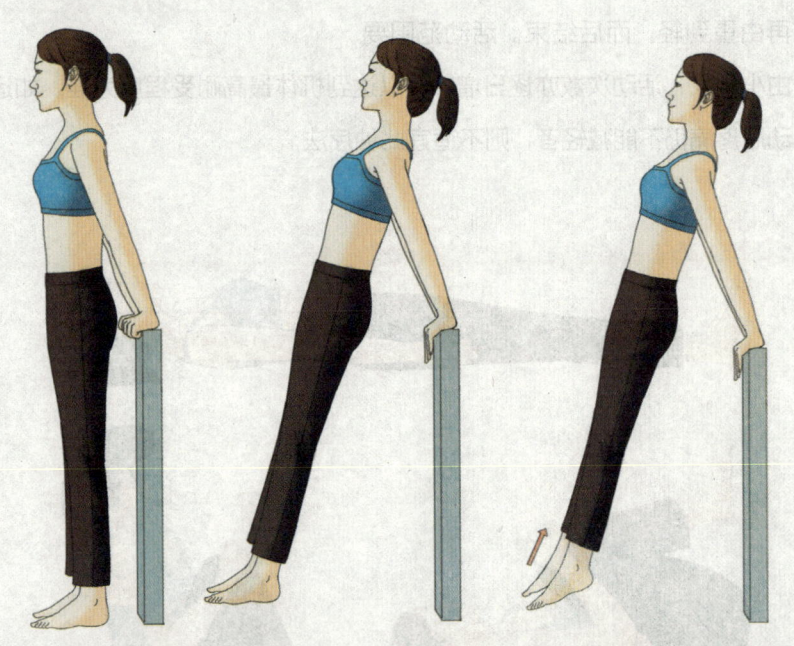

(2)外翻动作:保持一只脚站立不动,另一只脚稍微提起;然后让身体向支撑脚的内侧倾斜,这样大腿内部的肌肉就会充分紧张,达到拉伸的目的。最后双脚交换,每次进行5分钟以上。

（3）内翻动作：同样是一只脚站立，将另一只脚抬起；然后整个身体向支撑脚的外侧倾斜，拉伸对侧的肌肉和韧带。双脚交替进行，每次5分钟。

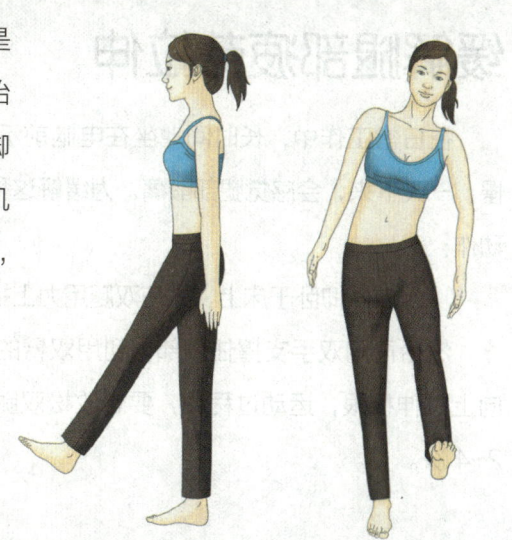

（4）踩踏动作：选择合适的硬物踩在脚下方，最好是桶状的物品；然后双脚用力踏住，前后滚动，这样的动作可以带动整个踝关节进行合理的拉伸。

经常进行踝关节的康复训练，能够帮助踝关节韧性加强，使踝关节周围的保护变强，不会很容易出现损伤。

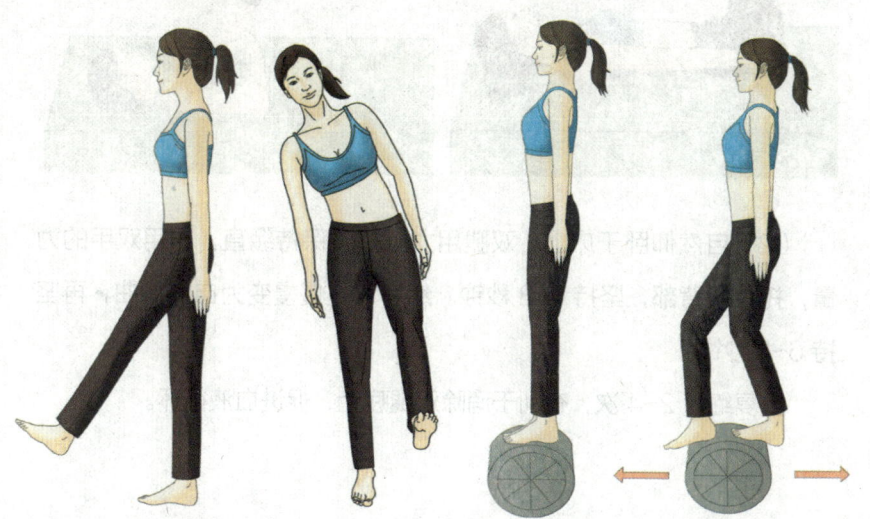

# 缓解腿部疲劳拉伸

在日常工作中，长时间地坐在电脑前不活动，小腿部血液循环很慢。一天下来，会感觉腿部酸痛。为缓解这种不适，可以试试以下拉伸动作：

（1）自然仰卧于床上，先使双腿用力上抬。

然后再用双手支撑住髋部，利用双臂的力量充分拉伸双腿，使其向上拉伸极限，运动过程中，要想放松双腿，可轻微抖动。重复练习2~4次。

（2）自然仰卧于床上。双腿用力上抬，保持绷直，利用双手的力量，托住腰背部，坚持6~8秒钟。然后双腿慢慢变为自然弯曲，再坚持6~8秒钟。

重复练习2~4次，有利于消除双腿疲劳，促进血液循环。

（3）自然仰卧于床上，双腿向前绷直。先将双腿屈膝，直到能触及胸部。

然后再将双腿用力上举，保持绷直，停顿几秒后，再缓慢还原，重复练习20次，可充分锻炼腿部。

（4）自然仰卧于床上，双臂自然放于两侧。双腿上抬，先将左腿用力踢出再收回，交替右腿练习，看起来就像在骑自行车。重复练习20次以上。运动完毕后，可以轻轻扭动腰腹使全身放松。

腿部疲劳过度也会引起小腿抽筋，抽筋时，小腿肌肉收缩，引起痉挛，常发生于运动、睡眠或是怀孕时。此外，剧烈运动、出汗过多、受到寒冷刺激、缺钙也会引发小腿抽筋。

# 防治老年性关节炎的拉伸

关节炎一般多发生在50岁以上的中、老年人，其特征为关节软骨变性和唇样骨质增生，常发病于某一关节，尤其是负重大、易于劳损的大关节。

老年性关节炎发病缓慢，虽多发病于某一关节，但也有膝、腰、髋关节同时患病的可能。症状为关节酸痛和关节动作僵硬感，尤其休息后开始活动时最为明显，而适当活动后僵硬感便可减轻或消失，但天气变冷或着凉、受潮湿、持物过多、劳累时均可使关节酸痛症状加重。

加重时，关节活动时常可听到摩擦音，关节局部有轻度压痛，但常无肿胀。

缓解关节炎症状可以试试拉伸疗法：

（1）捞物。

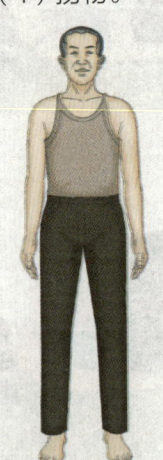

◀ 站立，两脚分开与肩同宽。

▶ 上身向前弯曲，前臂向下做捞物动作，每天早晚各1次，每次30~50下。

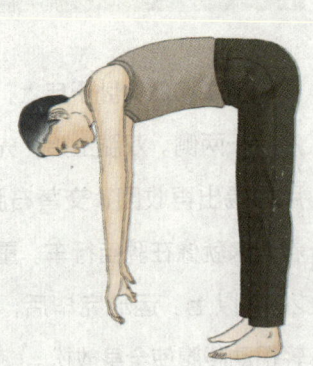

（2）耸肩。　　（3）画圆圈。

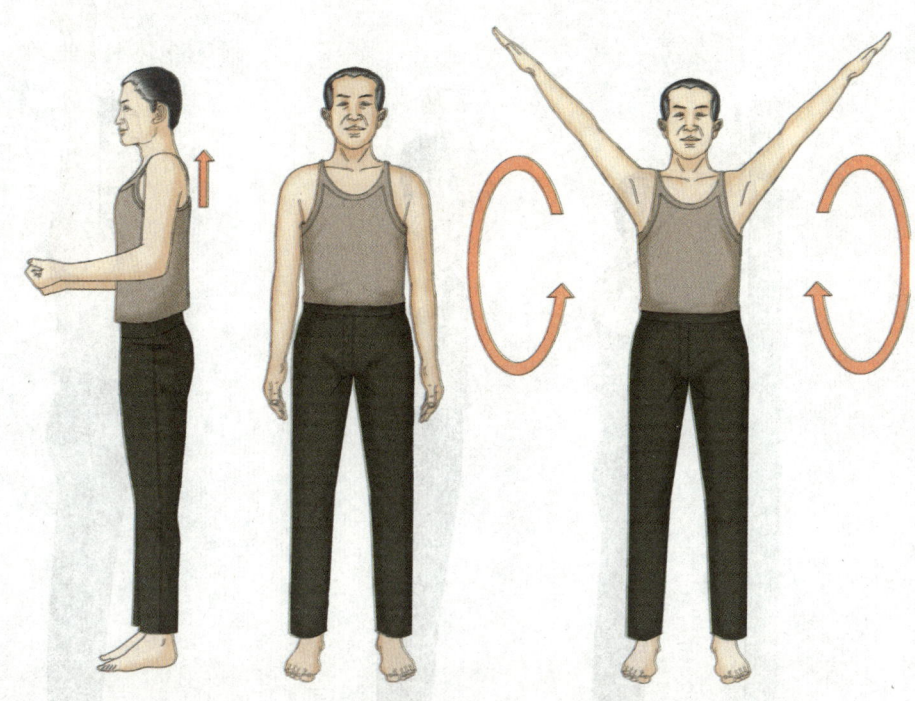

🔺 坐位或者立位均可，肘关节屈曲成90度，两肩耸动，由弱到强，每天2次，每次50~100下。

🔺 站立，两脚分开与肩同宽，身体保持不动。

🔺 两臂分别由前向后画圆圈，画圆范围由小到大，每天2次，每次50~100下。

（4）摸墙。　　　（5）冲天炮。

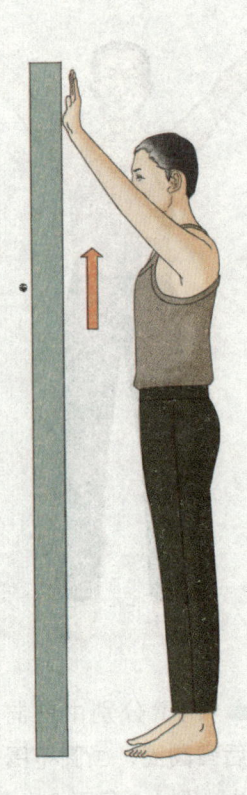  

▲ 站在墙根，患侧手扶住墙壁，由低向高摸，直摸到最高点不能再朝上摸为止，接着把手放下，反复练习，每次 20~30 下。

▲ 立位或者坐位均可，两手互握拳先放在头顶上方。

▲ 接着逐渐伸直两臂，使两手向头顶方向伸展，直到最大限度，每次 30~50 下。

（6）展翅。　　　　（7）摸颈。

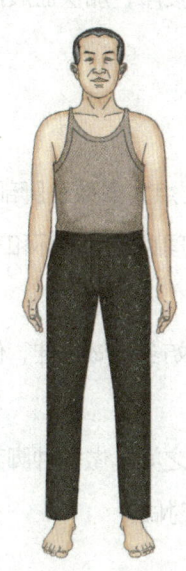 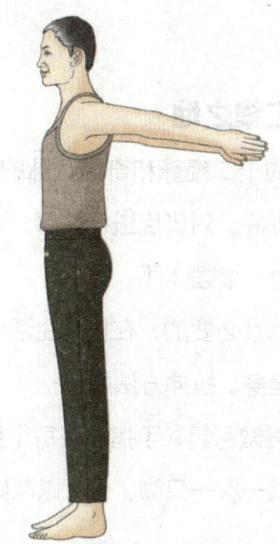 

◀ 站立，两脚分开与肩同宽。

◀ 两臂伸向两侧抬起外展与身体成90度，两臂展开后停5~10秒钟再放下，每天做30~50次。

◀ 坐位或者立位均可，两手交替摸颈的后部，每日2次，每次50~100下。

# 足部保健拉伸

人的双脚与人体健康息息相关，主要体现在以下几个方面：

## 1. 脚是人体的"第二心脏"

人的双脚是离心脏最远的人体器官，血液供应少，血流缓慢，表层脂肪薄，因而新陈代谢所产生的有害物质容易在脚底积聚。这些有害物质包括钙盐、钙酸、乳酸、尿酸结晶体等，长期积聚于脚底会侵犯反射区，并间接危害到各反射区所对应的其他组织器官。久而久之，人体就会产生各种疾病。因此，平常我们可以对脚底进行按摩，加快血液循环，使人体恢复健康。

## 2. 脚底为人体经气汇集之地

例如，人体最重要的十二经脉和奇经八脉的起止点大多数在脚部，有十条经脉或起或止于脚底。对脚底进行按摩，可以理顺经脉循环和气血循环，提高人体免疫力，增强体质。

所以，保养足部是非常必要的，在日常生活中不妨多做做拉伸，促进足部血液循环，保健全身。拉伸方法如下：

（1）坐姿，将双脚微微弓起，手指伸进每个脚趾之间，做各种脚部弯曲和伸展的动作，可以一次一只脚，也可以两脚同时做。

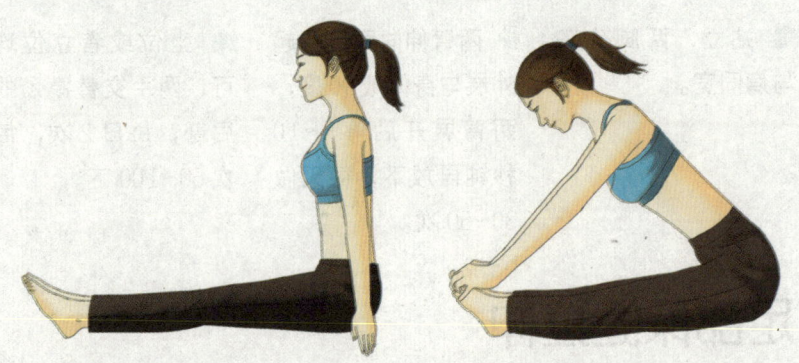

（2）坐姿，将脚后跟放在地板上，抬起脚尖，脚趾做 10 次弯曲伸展运动。此动作的关键是要尽量地伸展脚趾。

（3）坐姿，将双腿屈膝后抬起。一条腿放在另一条腿上。用右手按摩左脚心，用左手按摩右脚心，两手交替按摩，直到局部发热。脚底的穴位很多，做按摩可促进并改善足部血液循环。

（4）坐姿，用一只手托住小腿肚，另一只手从脚跟的淋巴结处，用力朝上移动。同样动作反复数次，不但可以改善腿部血液循环，还能拉伸小腿肌肉。

（5）坐姿，在一条腿的侧面，两手的大拇指使用适中的力度往下按。按的同时，大拇指可以以一个点为支撑，轻轻地按顺时针的方向按摩。两条腿各按摩5分钟。

（6）坐姿，将双手掌心紧贴腿部，4指并拢。

大拇指用力按住腿部肌肉，从脚跟的淋巴结处缓缓朝上旋转，两手旋转的方向必须相反。双腿各做2~3分钟。

（7）坐姿，两腿各部分全部离开地面，上身略微向后仰，找到身体的重心，用臀部支撑身体平衡。

双手按住膝盖上部以及大腿中部，轻轻按摩。这样的动作不仅可以消除腿部的水肿，还能让腿部肌肤更加有弹性，令腿部线条更加修长。

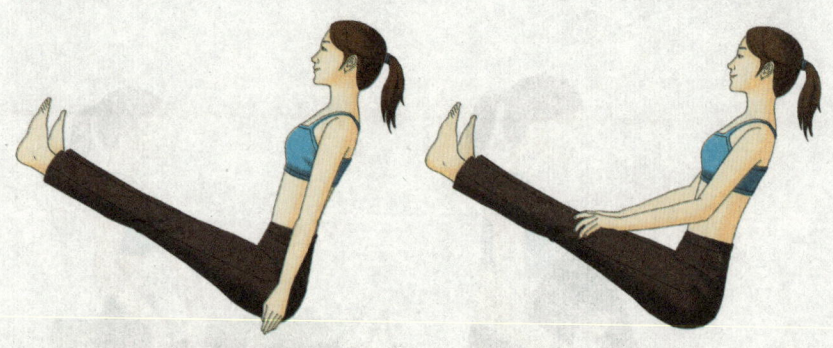

# 指腕部经筋痹病拉伸

别看手在人身上只是很小的一部分，但是，手指是人体身上最灵活的部位，因此，手部发生的疾病往往会给人的生活质量带来很大影响。所以，我们平时就要做好手部的保护工作，没病的时候要注意预防，得病之后，则应该采取积极、正确的治疗方法，以免带来不必要的困扰。

对于手指和腕部的疼痛，或者功能障碍，可通过以下手部拉伸方法得以康复。

（1）抓空增力：做这个动作的时候将五个手指尽量伸展张开，然后用力屈曲握拳，可以两手同时进行，也可以左右手交替进行。通过这个动作能促进前臂与手腕部的血液循环，消除手指或腕部的肿胀，并有助于恢复手指及腕部各个关节的功能，缓解疼痛麻木等不适的症状。

（2）拧拳反掌：将上肢向前平举，掌心向上；然后逐渐向前内侧旋转，使掌心向下，在旋转的过程中逐渐握拳，需要注意的是，在握拳过程中要有"拧"劲，如同拧毛巾一样，然后还原，恢复到掌心向上的位置，反复进行。这个动作有助于锻炼前臂及腕部的旋转功能。如果空手做此动作无法掌握要领的话，可以手中握一毛巾，做拧毛巾的动作。

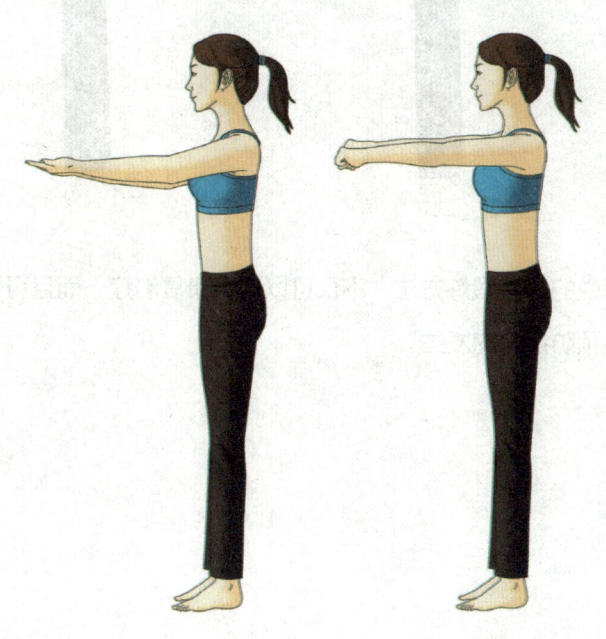

（3）上翘下勾：先将双手手掌翘起成立掌的姿势；然后逐渐下垂成勾手，反复进行此动作。在做的过程中要注意动作要缓慢而有力，此动作能帮助恢复腕关节背伸及掌屈的功能。

上面所说的这些锻炼方法，不仅可以用于康复治疗，而且可以用来缓解疲劳，预防疾病的发生。

# 第四章
## 疲劳缓解的拉伸方案

# 第 1 节
# 上班族办公室拉伸

## 办公桌前的拉伸保健

久坐办公室的你是否经常有烦躁不安、呼吸不畅、失眠厌食、胸闷咳嗽、容易疲倦、头昏眼花、莫名流泪、反应迟钝等状况？这些病症除了与工作压力有关外，还与打印机、复印机、传真机、扫描仪、多功能一体机、电脑等现代办公室设备存在的大量污染有直接关系。为了缓解这种不适，我们在办公桌前可以做一些简便的拉伸动作。

（1）坐位或立位。

两手交替摸颈的后部，每天 2 次。

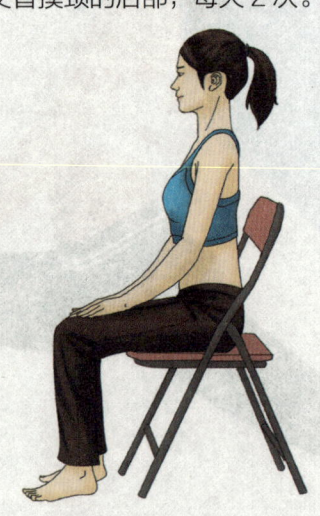

（2）坐位或立位，两肩耸动，幅度由弱到强。

（3）坐位或立位，双手在颈后部交叉。肩关节尽量内收及外展，反复数次。

（4）端坐在椅子上，身体保持正直，双手交叉后抱头，置于脖子根部，双腿挺直。

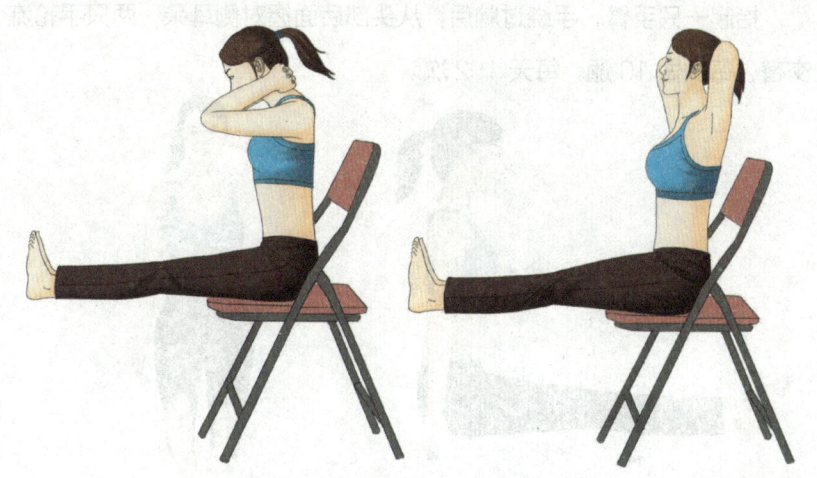

做扩胸运动，幅度由小到大，直到最大限度，力度由小到大，每次 50~60 次，每天 1~2 次。

（5）端坐在椅子上，身体保持正直。

双腿挺直，一手臂旋后，使手背接触自己的后背，然后尽力用指尖向对侧肩部用力上提，直到最大限度，两只手轮流交替，每次上提 10 次，每天 1~2 次。

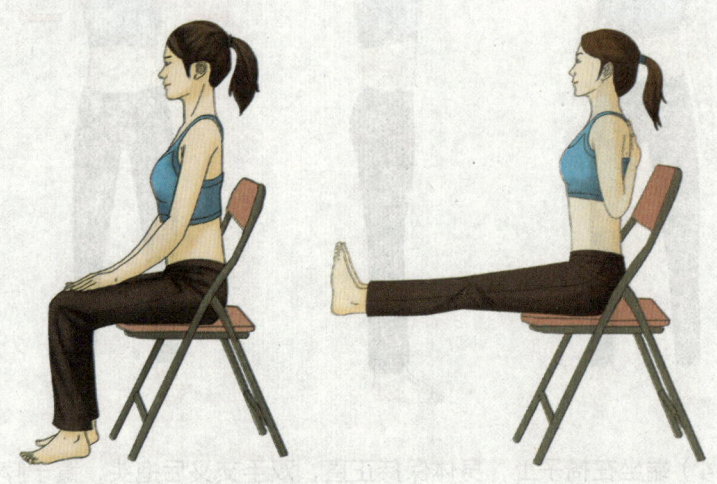

（6）坐位，身体保持正直。

抬起一只手臂，手绕过脑后，从头部后面握对侧耳朵，两只手轮流交替，每次做 10 遍，每天 1~2 次。

（7）坐位，身体保持正直，一只手臂沿身体外侧抬起，直至手臂外侧贴到同侧耳部。两只手轮流交替，每次做10遍，每天1~2次。

（8）坐位，身体保持正直，两臂在胸前环抱，手握对侧肩部，用力抱紧，每次坚持5分钟，每天1~2次。

（9）站立位，面对墙壁，一手手掌接触墙壁。

用力使指尖沿竖直方向抬高，至最大限度，两只手轮流交替，每次做10遍，每天1~2次。

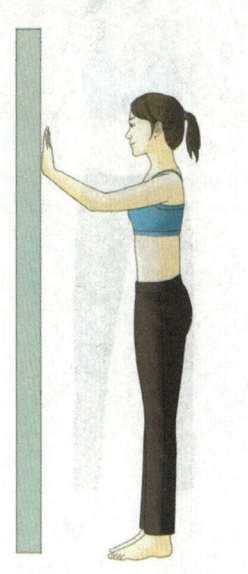

除了上面的拉伸方法,还可用下列方法进行功能训练来缓解办公室疲劳感:

(1)爬墙锻炼:面对墙壁,用双手或患手沿墙壁徐缓地向上爬动,使上肢尽量高举,然后缓慢向下回到原处,反复进行。

(2)体后拉手:双手向后反背,用健手拉住患肢腕部,渐渐向上拉动抬起,反复进行。

(3)上臂外旋锻炼:背靠墙而立,双手握拳屈肘,做上臂外旋动作,尽量使脊背靠近墙壁,反复进行。

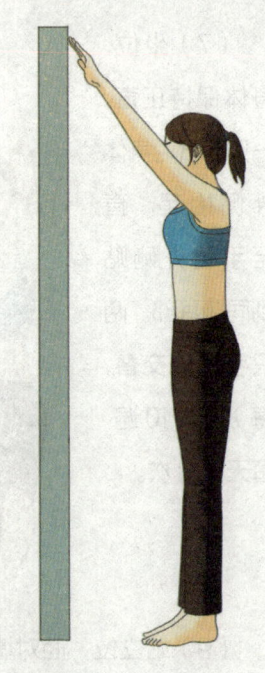

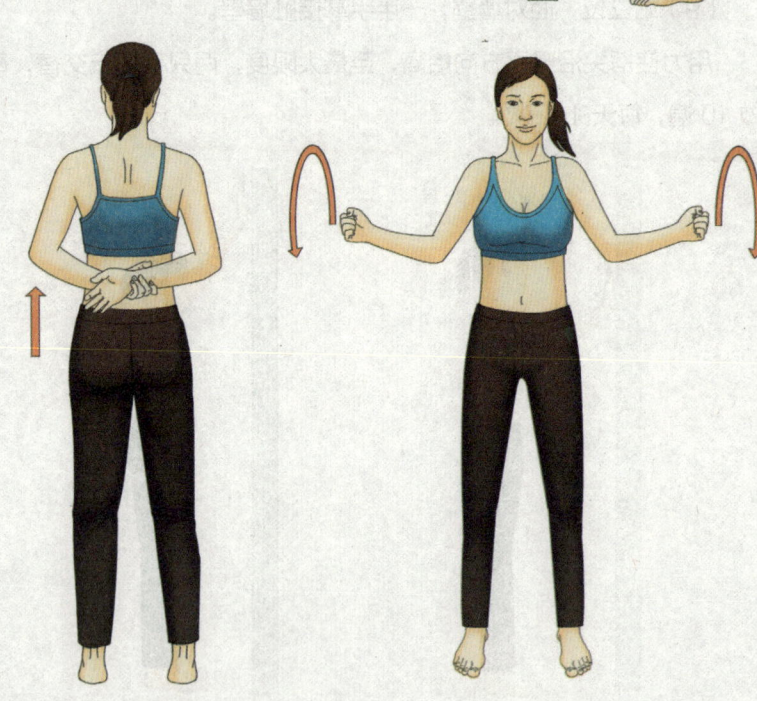

（4）摇膀子：弓箭步，一手叉腰，另一手握空拳靠近腰部，做前后环转摇动，幅度由小到大，动作由慢到快。

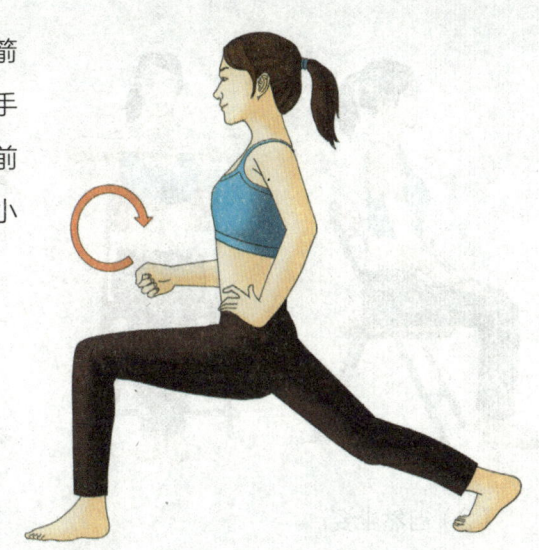

# 电脑族脊背拉伸

上班族常因保持一种姿势时间过久或姿势不良而造成颈部或背部肌肉紧张，从而导致背部疼痛不适；另外，心理性紧张也会造成背部的紧张与疼痛。由此可见，人的背部肌肉所承受的负荷是很大的，而解除背部疼痛最有效的方法之一就是进行背部的放松健身运动。

上班族在办公室内，可以利用椅子、办公桌、重物等室内物品进行放松背部的运动。

## 1. 利用椅子

（1）自然坐姿。

双肩外展，两手五指交叉置于胸前，手心向内，双肘关节与肩平齐。

反手向前用力伸展，直至最大限度，坚持10秒钟，还原，重复3~5次。

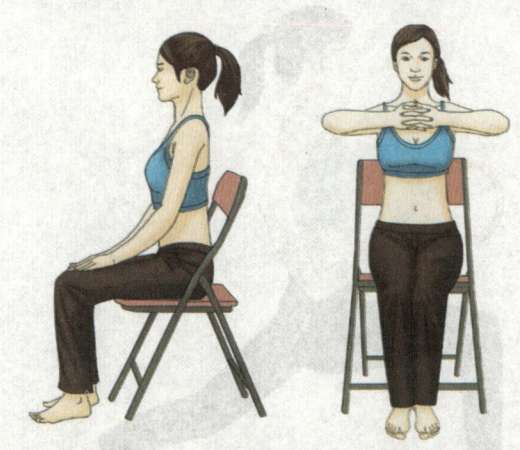
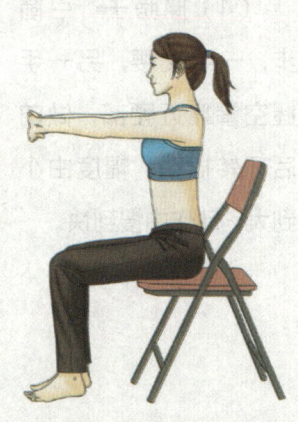

（2）自然坐姿。

左手放在右膝上，双脚用力着地，膝关节保持不动，同时用力伸展肘关节，让手掌压住膝关节，保持肘关节伸展5秒钟。左右交替练习，各重复3~5次。

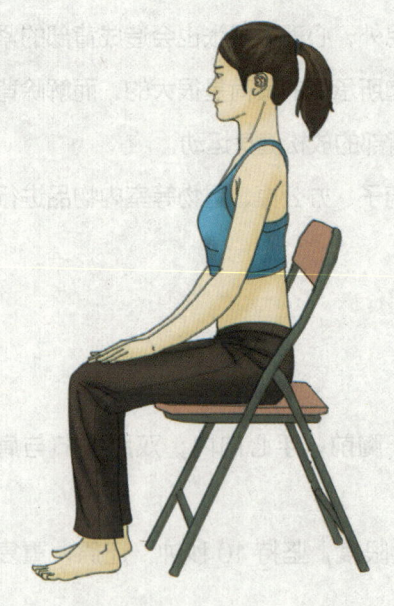
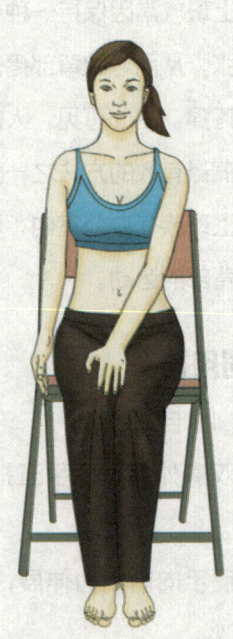

## 2. 利用办公桌

（1）站在两张办公桌之间（两桌间距略比肩宽）。

两手撑于桌面，两足腾空，双臂用力支撑身体，坚持数秒钟，还原。重复3~5次。

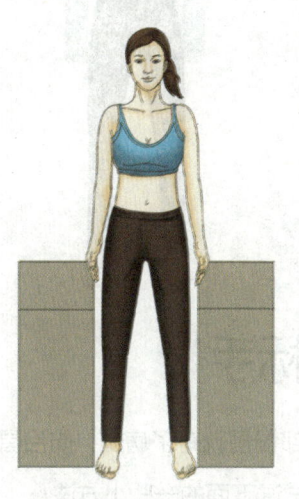
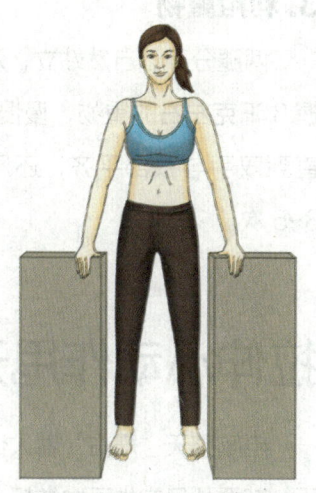

（2）双腿并拢，面对桌子坐直。

左手自然放于左膝，右手握拳，拳心向下置于桌面，肘关节伸直，用力向桌面下压，坚持10秒钟。

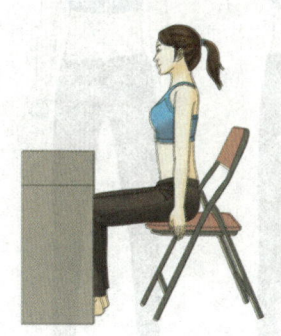
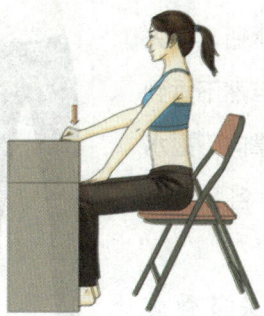
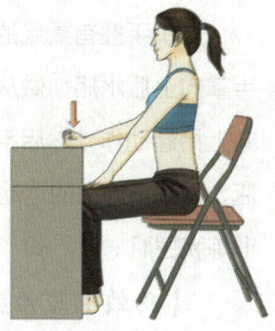

然后右拳拳心向上置于桌底，肘关节伸直，用力向上顶，坚持10秒钟。左右交替练习，各重复3~5次。

### 3. 利用重物

两腿分开，自然站立，双手同时各握3千克左右的重物，慢慢提起重物，直到双手与颈部平齐，还原。重复做3~5次。

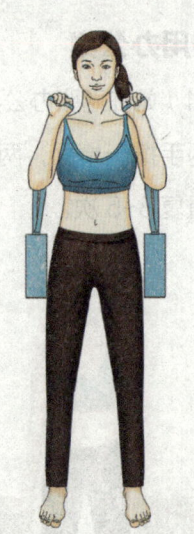

# 拉伸小动作甩开"鼠标手"

电脑整天"霸占"着人们的手，手腕部慢慢就有了病变，防治鼠标手，就要从日常生活中做起。日常里不妨试试下面的一些小方法：

（1）用手表做辅助器械，按顺时针和逆时针转动手腕各25次。

【功效】缓解手腕肌肉酸痛的感觉。

（2）手握有重量的水瓶，首先手掌向上握水瓶；做从自然下垂到向上抬起动作，然后手掌向下握水瓶，做从下向上的运动，各25次，锻炼腕屈肌。

【功效】防治腕关节骨质增生，增强手腕力量。

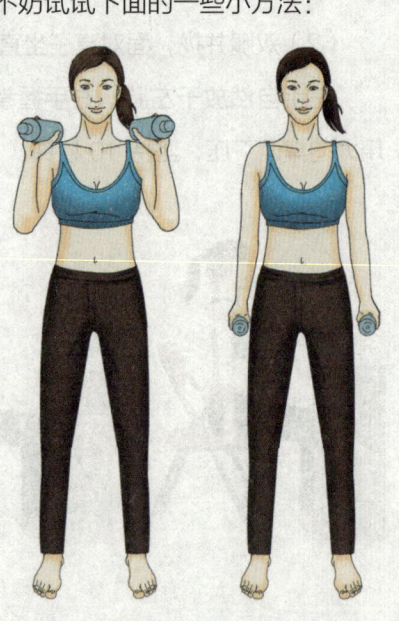

（3）舒展身体各部位时，也要用力伸开双手的五指，每次20~30秒钟，做2~3次。

【功效】增强关节抵抗力，促进血液循环。

（4）吸足气用力握拳，用力吐气，同时急速依次伸开小指、无名指、中指、示指、拇指。左右手各做10次。

【功效】锻炼手部骨节，舒缓僵硬状态。

（5）用一只手的示指和拇指揉捏另一手的手指，从大拇指开始，每指各揉捏10秒钟，平稳呼吸。

【功效】促进血液循环，放松身心。

（6）双手持球（如网球），或持手掌可握住的食物（如水果等），上下翻动手腕各20次。球的重量可依自己的力量而定。

【功效】增强手腕力量，锻炼肢体协调能力。

（7）双掌合十，前后运动摩擦至微热。

【功效】促进手部的血液循环。

# 长期伏案者的颈部拉伸

长期伏案的人经常有颈部酸胀、疼痛、僵硬、活动受限等不适，究其原因，主要是由于颈部长期处于一种姿势或姿势不当，造成颈部某些肌肉过度紧张，从而引起上述种种不适症状。因此，经常伏案的人，应该坚持做以下松弛颈部肌肉的运动。

## 1. 坐位颈部松弛锻炼体操

（1）两手叉腰，一二拍颈项向左侧屈，三四拍颈项向右侧屈。

（2）两手叉腰，一二拍颈项向左旋转，三四拍颈项向右旋转。

（3）两手叉腰，一二拍头顶用力向上顶，下颌内收，三四拍放松还原。

（4）两手叉腰，前四拍颈项向左、前、右绕环至还原，避免后仰。后四拍颈项近相反方向旋转。

（5）第一拍，头向左旋转，左手经体前伸向右肩上方。第二拍还原。三四拍同一二拍，方向相反。

（6）第一拍，颈项向左侧弯，左手经头顶上方触右耳，第二拍还原。三四拍同一二拍，方向相反。

（7）第一拍，低头含胸，两臂在胸前交叉，尽量伸向对侧，左臂在上。第二拍，挺胸，两臂尽量外展，肘弯曲与肩平，手心向前，头左旋，眼看左手。三四拍同一二拍，方向相反。

（8）两手抱头后，手指交叉，第一拍，稍低头，两肘向两侧张开。第二拍，用力抬头，两手向前用力，与头对抗，不使后仰。三四拍同一二拍。

## 2. 站位颈部放松锻炼体操

（1）自然站立，肩膀放松。

两肩慢慢紧缩（夹肩），坚持5秒钟，然后双肩向上耸起，坚持5秒钟，还原，重复5次。

（2）自然站立，肩膀放松。

颈部慢慢地向前屈，尽量让下巴碰到胸前，停留片刻，将头轻轻抬起来，还原；然后颈部慢慢向后伸，停留片刻，还原成预

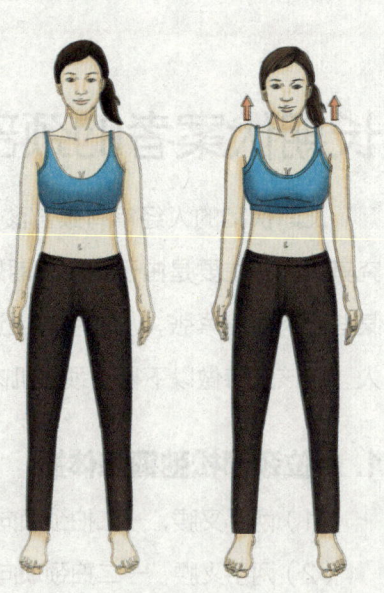

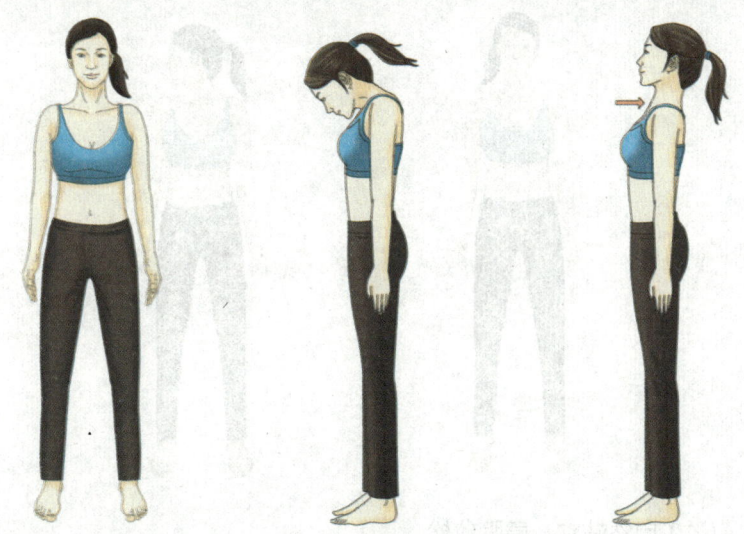

备姿势,重复 5 次。

(3)自然站立,肩膀放松。

颈部慢慢地向左侧屈,让左耳尽量靠近左肩,停留片刻,还原。如上动作,再向右侧屈。左右交替,重复做 5 次。

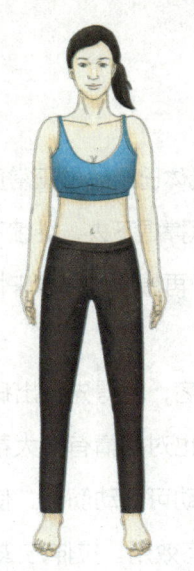
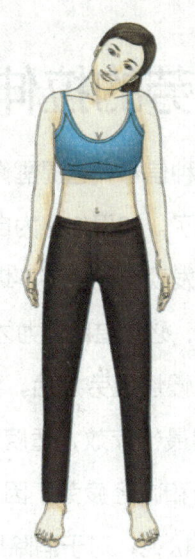

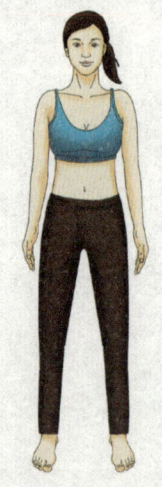 

(4)自然站立,肩膀放松。

颈部慢慢地向左转动,眼睛向左肩膀后方看,停留片刻,还原。如上动作再向右侧转动。左右交替,重复5次。注意转动时头部不要过分向后倾。

# 消除疲劳的拉伸

疲劳是一种信号,它提醒你,你的机体已经超过正常负荷,应该进行调整和休息了。如果你认为自己还可以撑得下去,继续不断为生活拼搏,那么当你发现自己疲劳不堪的时候,再想通过休息来恢复精力就已经不太可能了,必须借助外力才行。

当你患上慢性疲劳症后,要治疗此病,就得先找出病源,而长时间休养可取得最佳疗效,适度拉伸运动也对病情有很大帮助。拉伸运动可舒缓压力和减轻疲劳,因为拉伸运动可活动筋骨,使平时较少活动的肌肉得以松弛,对于消除局部疲劳有效用。拉伸方法如下:

（1）端坐于椅子上，绷直背脊，双手自然放于两膝。

左臂前举，并带动身体向身后方向旋转，目视左手手掌，然后深吸一口气，还原时深呼一口气，然后换右臂继续练习。

然后伸直双腿，还原坐姿。

（2）端坐于椅子上，双臂在胸前自然交叉。

平举双臂，并在胸前画圆，同时注意使胸部肌肉、双肩以及肩胛骨一同舒展活动。

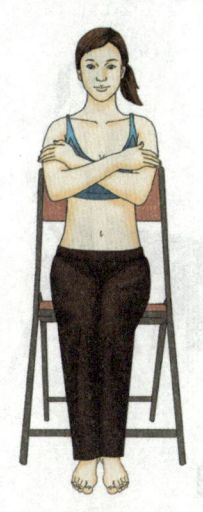

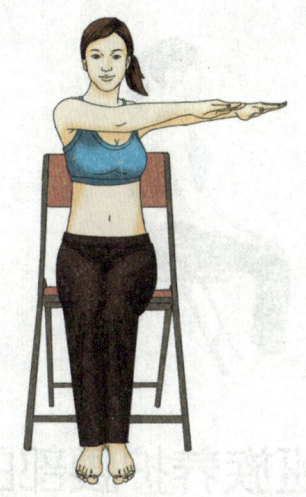

（3）端坐于椅子上，双臂自然弯曲，手握拳置于胸前；向身前、左右两侧，以及头顶上方充分伸展双臂。

（4）端坐于椅子上，绷直双腿。用力将双腿上抬，并向身体两侧来回转动，在地面方向做圆周运动。

（5）端坐于椅子上，左腿屈膝并转向左侧，回到坐姿之后，交换右腿做同样的动作。

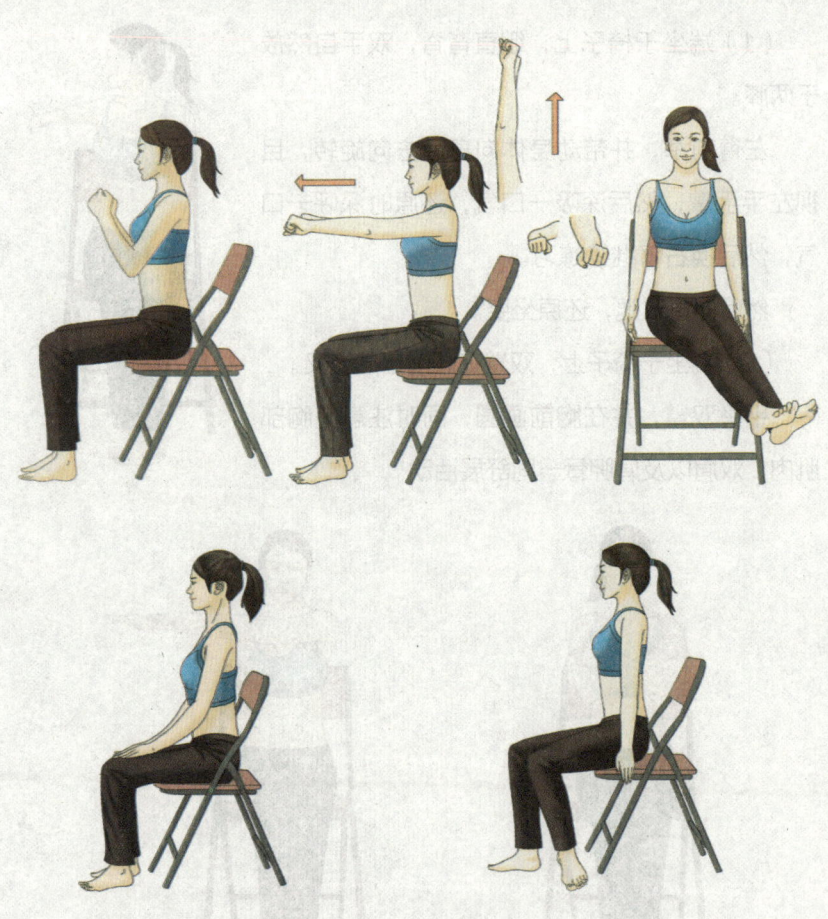

## 上班族养护腰部的拉伸

当你在弯腰时,是不是很费劲,甚至腰还有点疼?郊游爬山后,是不是腰酸背痛,两三天还缓不过来?如果是这样,你就要注意了:你的"腰龄"很可能超标了。人们常用"20岁的身体,40岁的心脏"比喻早衰现象。如今,人们的腰部也可能在超负荷运转下,提前进入老年,"20岁的年龄,40岁的腰龄"已不罕见。

想要让腰部保持年轻,最好的方法就是拉伸。下面就介绍几种让腰部保持年轻的拉伸练习。

## 1. 鹤回眸

站立姿势，双腿分立，间距等于两肩宽度，双臂垂于左右两侧。

头向左后方向旋转并慢慢下压，目光注视左脚后跟，保持姿势 5 秒钟后，交换到右侧练习。

## 2. 孔雀开屏

站立姿势，双腿分立，间距等于两肩宽度。

双手在胸前合掌，然后用力向上抬起至头顶上方，双臂绷直。

接着将掌心向左右打开，成孔雀开屏的姿势，直到双臂向下移至肩膀的高度。再将双臂向下移动至腰际，两拳与腰相抵，

然后头部和腰部同时用力后仰，保持姿势 5 秒钟，反复练习 10 次。

### 3. 转胯回旋

自然站立，双腿分立，间距略微大于两肩宽。

双手叉于腰际，调整呼吸到正常状态。

并以腰部作为中心，胯部开始做圆周运动，先按顺时针方向旋转10圈，再反向重复10次。

### 4. 交替叩击

自然站立，双腿分立，间距约等于两肩宽。

双臂自然垂于身体两侧，手掌略微握成虚拳。

首先腰部向右侧旋转，再向左侧旋转。同时，随着腰部的旋转带动双臂自然摆动，摆动的同时，双手有目的地交换轻拍腰背部和小腹部，注意掌握力度，重复练习30次。

## 5. 双手攀足

站立姿势,双腿自然分开,全身放松。

先将双臂上举至头顶,同时身体后倾到极限,保持 3 秒之后,身体向前弯曲,双臂向下拉伸到与双脚紧密接触,保持 3 秒之后还原,重复练习 15 次。

## 6. 拱腰式

自然平躺于垫子上，双腿自然弯曲。

凭借双腿、双肘和脑后部的力量，尽力向上抬高臀部，宛如拱桥的形状。反复练习几次之后，可以适当增加难度，例如减少支撑点，双臂自然放于胸前，仅靠双腿和脑后部的力量重复练习，每天练习 20 次。

在日常生活中也要注意保护腰部，不要让腰部承受太大的压力，造成一些不必要的伤害。

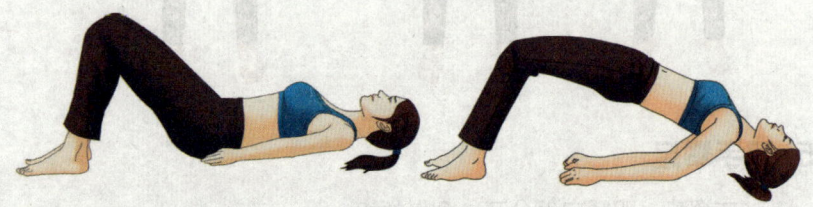

# 午间休息的拉伸

对于忙碌的上班族，利用午间休息的时间进行一些拉伸小动作对身体大有帮助，不但可以赶走上午的疲劳，也可以精神饱满地投入到下午的工作中。拉伸方法如下：

（1）双腿频举。

（2）踏蹬运动。

（3）双脚挪动。

（4）身体慢转。

（5）臀部"行走"。

（6）侧弯腰。

另外，忙碌了一上午，你也可以利用午休时间彻底清洁一下面部，让皮肤透透气、补充水分，让自己整个下午都感到容光焕发、心情愉悦。

# 工作间隙的肩部拉伸

人们的生活方式发生了改变,脑力劳动者越来越多,坐着工作的人也越来越多。生命在于运动,坐着工作虽然感觉舒服了,但是对健康却未必是好事。人若长时间坐着不动,无异于"坐以待毙"。久坐对身体的损害有以下几种:

## 1. 心肺功能降低

久坐不动血液循环减缓,日久则会使心脏功能衰退,引起心肌萎缩,尤其是不经常运动的人和心血管疾病患者,发生心肌梗死的危险性会更大。另外,久坐者心肺的储备能力低,代偿功能差,所能承受的最大负荷也小,由此减弱了抗病防病的能力。

## 2. 肌肉萎缩

久坐不动,气血不畅,缺少运动会使肌肉松弛,弹性降低,出现下肢水肿,倦怠乏力,重则会使肌肉僵硬,感到疼痛麻木,引发肌肉萎缩。

## 3. 伤筋动骨

久坐颈肩腰背持续保持固定姿势,椎间盘和棘间韧带长时间处于一种紧张僵持状态,就会导致颈肩腰背僵硬、酸胀疼痛,或俯仰转身困难。特别是坐姿不当(如脊柱持续向前弯曲)还易引发驼背和骨质增生。

## 4. 伤神又损脑

久坐不动,血液循环减缓,则会导致大脑供血不足,伤神损脑。久坐思虑耗血伤阴，则会导致记忆力下降、注意力不集中。若阴虚心火内生，还会引发五心烦热，以及牙痛、咽干、耳鸣、便秘等症。

## 5. 对生殖系统的健康造成不良影响

女性由于久坐，加上缺乏正常运动，以致气血循环障碍，月经前及月经期会出现痛经；久坐亦会使循环不良，慢性盆腔充血，抵抗力变差，而导致盆腔炎、附件炎等妇科疾病。此外，气滞血瘀也易导致淋巴或血液栓塞，使输卵管不通。这些都是比较明显的引起不孕的原因。对于男性来说，久坐不动、工作紧张、疲惫过劳等可以造成对前列腺的直接压迫而使得前列腺充血、瘀血，导致慢性前列腺炎的发生，而且往往发病隐匿、临床症状不明显，易导致误诊、漏诊。

久坐对人体就像是慢性毒药，一点点吞噬人们的健康，所以，利用工作的间隙要适当走动，适当地活动活动肩部。下面介绍几种简易的锻炼方法。

（1）向前举起双臂；以肩关节为轴，在空中做圆周运动，动作幅度不断增大，速度也越来越快。

（2）双手自然置于身后，先用左手拉住右手手腕，然后左手用力向上拉伸，以同样的动作要领换右手拉伸。

（3）双手在颈部左右交叉，带动肩关节向内收紧，再向外扩展，重复练习几次。

（1）

(2)　　　　　　　　　　　(3)

（4）站立姿势，背紧贴于墙面。

双手握拳，双臂自然弯曲，向外扩展，直到拳背面能与墙面接触，重复练习几次。

（5）站立姿势，背对椅子或桌子。

双手用力向后拉伸，直到接触到身后的椅子或桌子，收紧腹部，上挺胸部，用力向后体会肩部拉伸的紧张感。然后继续自然站立，背对椅子或桌子，双手抓住椅背或桌面，身体向下蹲，以体重的力量尽力拉伸肩部。

# 第 2 节
# 日常生活拉伸

## "开车一族"的拉伸

有车族该怎么预防汽车综合征呢？其实并不难，每天抽出 20~30 分钟做做拉伸运动，工作中间做一下工间操，尽量减少过量进食、高油脂饮食和久坐的生活方式就能有效预防。

### 1. 开车前的拉伸

（1）伸展运动。

▲ 坐稳，两手十指叉握，直臂上举，掌心向上，持续5秒钟。

▲ 然后两手由直臂上到胸前，再屈肘紧抱双膝，含胸收腹，反复8次。

（2）收腹运动。　　　　（3）转体运动。

🔺 坐稳，两手向后扶住椅背两侧，身体挺直，单腿向前伸展，上身向前屈体收腹，低头含胸，背部伸展，持续5秒钟，还原。左右反复各16次。

🔺 坐稳，两手向后扶住椅背两侧，身体向右侧转动，持续5秒钟，还原。换方向，身体向左侧转动，持续5秒钟，还原。左右反复各8次。

## 2. 车内锻炼

在等红灯时可做些"小动作"。方法如下：

（1）坐正、挺胸、收腹、挺腰，向上轻轻地抬头两次，向下低头两次，再向左、向右各侧头两次。

（2）把左手搭在右肩上，头尽量向左扭，维持3秒钟，然后换个方向练习。

（3）左手伸掌，轻轻地砍右边胳膊，从肩头到手腕，然后换手换方向重复练习。

（4）两只手轻轻地从膝盖往上捏两条大腿，再到腰部，重复练习。

（5）用两手掌夹紧一侧小腿肚，旋转揉动20次，然后换腿重复练习。

（6）在停车后眺望远处或绿色植物，缓解眼部疲劳。

## 3. 开车族防止汽车膝的拉伸

（1）采取坐位或仰卧位，首先将腿伸直，以"抽动"的方式进行股四头肌收缩运动，每次锻炼5分钟，每日2~3次。

然后将腿绷直抬起，抬起后坚持数秒钟后放下，一起一落，一次可由5分钟逐渐增到10分钟，左右两腿轮换进行。

（2）采取仰卧姿势，两腿膝关节同时进行一屈一伸的运动，以提高肌肉和韧带的弹性和韧性以及关节的灵活性，并消除膝部无菌性炎症，避免膝关节周围软组织粘连。每天坚持2~3次，每次3~5分钟。

（3）甩腿：一只手扶树或扶墙，先向前甩动小腿，使脚尖向前向上翘起。

然后向后甩动，将脚尖用力向后，脚面绷直，腿亦伸直。在甩腿时，上身挺直，两腿交换各甩数十次。此法可预防半身不遂、下肢萎缩软弱无力或麻痛、小腿抽筋等。

（4）扳足趾：端坐，两腿伸直，低头，身体向前弯，以两手扳足趾20~30次。能锻炼腰腿，增强脚力，防止足部软弱乏力。

# 等车时的拉伸保健

在等地铁或公交车时，你都会做什么？千万别小看这短短的几分钟，你完全可以好好利用它们来做做运动。每天坚持锻炼就会收到意想不到的效果。

（1）举臂运动：很多女性外出时都会带包，在不妨碍别人的情况下，就可以把它当成"微型运动器械"来锻炼手臂肌肉。

两手拿包，抬头挺胸，一边呼气，一边将手肘尽可能抬高，每次做5遍，反复做2~3组。

（2）收腹运动：将注意力集中在腹部，吸气收腹，默数到5再慢

慢呼气并放松腹肌,再吸气收腹。1分钟重复做15~20次,直到腹部有疼痛感为止,此运动可以有效锻炼腹部肌肉。

(3)单足站立:单足站立,提腿要低,动作要小,交换腿要频,10秒钟更换1次,重复做12次。此运动可使上臀部肌肉及腹部肌肉得到有效锻炼。

(4)握拳运动:用力握拳再松开,使整个手臂肌肉有紧张感,1分钟内重复做30~40次。

# 下班后的背部拉伸

下班回家后,很多人都喜欢舒舒服服泡个热水澡,洗去一天的疲惫与不快。在洗完澡后可不要忘了放松一下酸痛的背部,做几个拉伸动作。

(1)自然站姿;两膝略微弯曲,收紧小腹,上挺胸部,上半身稍稍向前移动,双手抓住重物,自然放于身前。

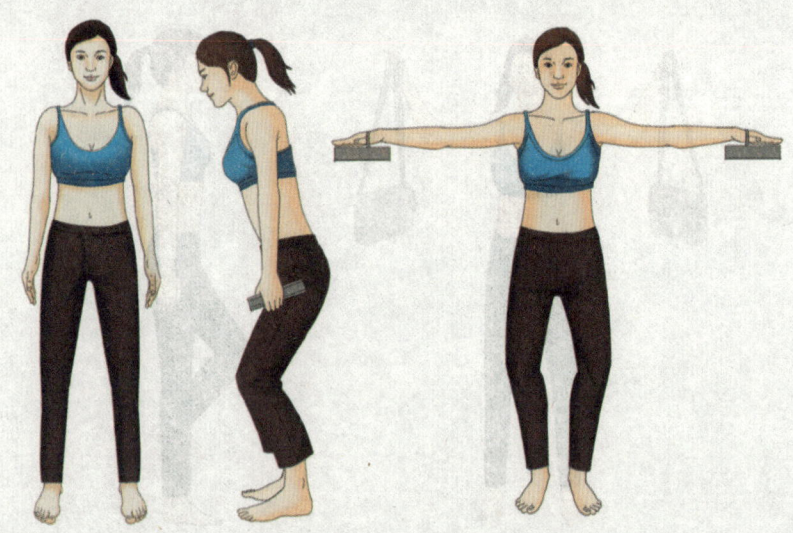

然后，双臂侧举至与肩同宽，保持姿势 5 秒钟之后，还原手臂到身前。重复练习 20 次。

（2）端坐于椅子上，全身放松，臀部向椅子后部移动，背部与椅背紧贴。

保持背部绷直，将双腿向上抬起，两侧手臂自然放于两膝处，略微握拳，掌心朝下。然后脚跟绷直向地面方向垂直下压，体会后背肌肉的拉伸。每次练习 5 秒钟。

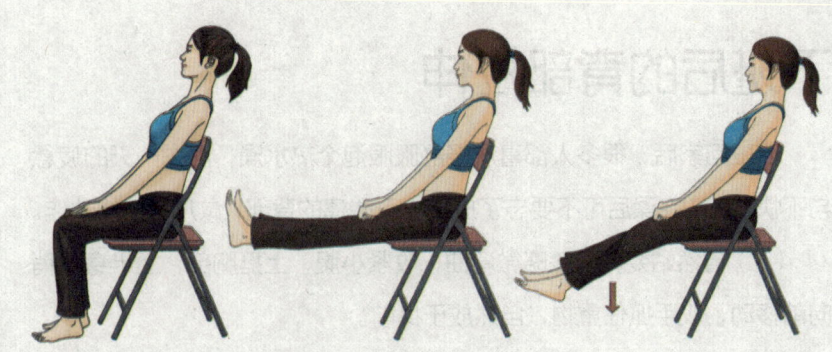

（3）自然仰卧。舒展两肩，双手自然放于身后，在臀部左右交叉。

上半身向上提起，同时收紧下巴和背部，保持姿势 5 秒钟，回到自然仰卧，注意上半身略微向上抬起，小于 35 度，重复练习 20 次。

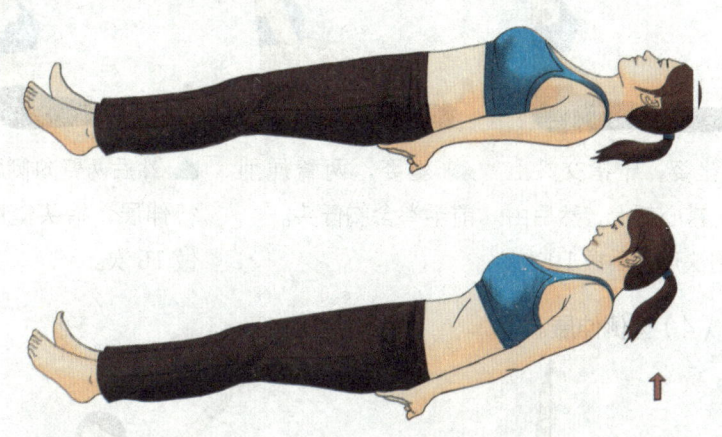

# 消除旅行疲劳的拉伸

要消除旅行中的疲劳，下面的旅行操很有效：

（1）颈部伸展。

▶ 坐姿，双手抱头，两肘夹双颊，稍用力下压使颈部前屈。

▶ 然后颈部用力尽量后仰，做 8 次，每次静止 1~2 秒钟。

（2）肩部伸展。　（3）胸背伸展。

▲ 坐姿，十指交叉上举，掌心朝上，然后由慢到快用力后振10次。

▲ 坐姿，两臂屈肘前平举含胸低头。

▲ 然后两臂向侧后平行伸展，抬头挺胸，做10次。

（4）体侧伸展。

▶ 坐姿，一手叉腰，另一手臂伸直上举，上体稍侧屈。

▶ 手臂用力向侧上方伸展5次，然后换另侧做，每次静止1~2秒钟。

（5）腰腹伸展。

 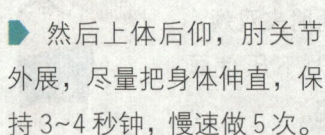

▶ 坐姿，两手抱头，体前屈。

▶ 然后上体后仰，肘关节外展，尽量把身体伸直，保持3~4秒钟，慢速做5次。

（6）腿部伸展。

▶ 坐姿，双腿屈膝置于胸前。

▶ 然后两腿同时伸直，脚尖绷直，做10次，每次静止1~2秒钟。

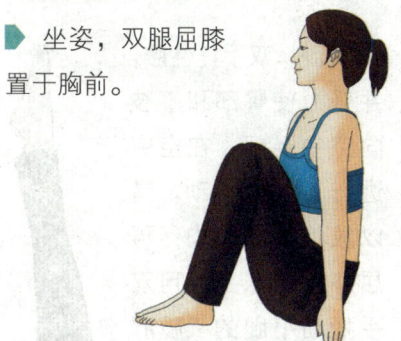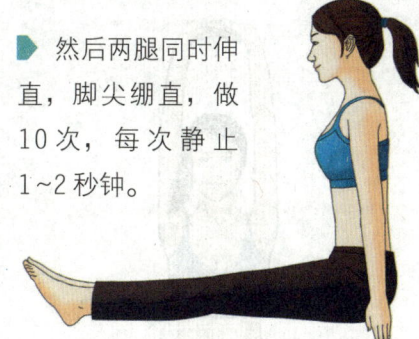

# 睡前放松拉伸

睡前放松操不仅能减轻疲劳，而且能提高睡眠质量，下面介绍七步睡前放松操。

（1）旋转颈部：直立，手臂自然下垂，尽可能地向左、右、前、后伸展颈部。如果感到颈部疼痛，应去医院做检查。

（2）转肩：头不动，慢慢地向前、向后转肩。

（3）抬臀。

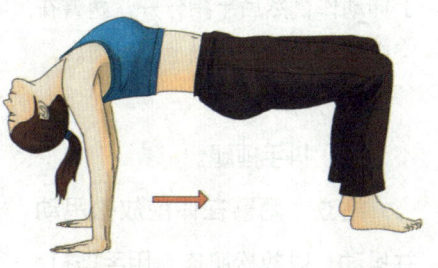

▲ 先蹲立，再两手向背后伸出撑地。

▲ 然后向上抬臀，两手慢慢地向脚后跟靠拢。20秒钟后恢复到开始姿势。

（4）两臂上举。

（6）空中抖动下肢。

▶ 仰卧，双手托住腰，并努力使臀部和下肢向空中竖起，在空中进行下肢的抖动，借以放松大腿肌肉；再屈膝坐于床上，用双手搓动小腿的"腿肚子"，放松小腿肌肉。

▲ 两手臂置于头上，十指交叉，两臂紧贴耳部，做最大限度的手臂上伸动作；然后十指分开，两臂在空中自然抖动，放松上肢肌肉。

（5）抖手捶腿。

站立，两臂在体前放松甩动并抖动，以放松肌肉。用手捶打、搓动大腿肌肉，使大腿放松。

（7）滚动。

▲ 在床上或席上，两手抱膝而坐，然后成球形前后滚动。可放松背部肌肉、减轻腰痛症状。

# 下班后的家居拉伸

上班族虽然很需要运动,但忙碌一天,回家也披星戴月了,户外运动根本不现实,去健身房更没精力。那么,向大家推荐一些在家里就可轻松进行的养生操,对脊骨及全身的养护大有裨益。

(1)躺在床上,双手抱住左腿,将左膝盖往胸部方向靠近,头往左膝盖靠近,停5秒钟,换另一侧,重复10次。

(2)躺在床上,双手抱住双腿,将膝盖往胸部方向靠近,头往膝盖靠近,停5秒钟,重复5次。

(3)盘坐,身体前倾,上臂往前伸展,直到感觉拉伸到背部的肌肉,停5秒钟,要恢复坐姿前,可先将手肘放在膝盖上,再慢慢将身体撑起,重复5次。

(4)坐姿,两腿弯曲抱在胸前,下巴弯向胸部。
再缓缓向后躺,前后滚动,放松,重复5次。

（5）四肢跪在地板或床上，往胸部收紧下巴，使背部弓起，停5秒钟，放松，重复10次。

# 做家务时的拉伸

下面就为大家介绍几种简单易学的拉伸方法，可以让你一边做家务一边锻炼身体，而且效果也相当不错。

## 1. 踮脚

洗碗或洗菜时，双腿稍稍用力，踮起脚尖，吸气时，抬起脚跟，呼气时，放下脚跟，整套动作做10次，这样既可以拉长小腿肌肉，又可以减轻长时间站立的疲劳。

## 2. 单腿

站立切菜时，将全身重心放在一条腿上，另一条腿则迈出一步，脚尖着地，腿用力伸直，向侧面提起，保持20秒钟，换另一条腿。

## 3. 弯腰

洗碗时若弯腰时间过长会使你的腰部肌肉感到疲劳。结束洗碗池边的工作时，两脚分开与肩同宽，距池边有一大步距离，双手扶着水池边缓缓弯腰，以拉伸腰背肌肉，下压5次。

## 4. 下蹲

将炊具放在橱柜最下层，每次必须蹲下才能拿到炊具。下蹲时两腿并拢，腰部以上部位用力挺直，这样可以锻炼腰部及大腿的力量。

## 5. 转腰

洗碗或洗菜时要顺便多运动一下腰，不要把洗好的东西就近放在手旁，双脚原地不动，通过转腰将洗净的物品放在身后的某个位置。

## 6. 转头

利用炒菜等待的间隙，站在锅边活动一下头部及肩部。头部向左和右交替转动，可缓解颈部疲劳。

## 7. 手臂伸展

拿取较高位置的调料或炊具时，不要随意地一拿了事，要用力伸展手臂，将力量由大臂一直传导至指尖，同时双腿用力，踮脚尖。

# 看电视也不忘拉伸

　　人体的健康靠的是日积月累，只有天天保健，才能换来天天健康，不要小看一些小动作，时间一长，它就是你最好的保健医生。看电视休闲的时候，就是做这些小动作的最佳时机，既能看到自己喜欢的电视节目，同时又能健身保健。不妨按照下面的步骤试试：

　　（1）仰躺在沙发上，双手抱头，两腿夹住垫子，向上抬起，来回做5~10次。这个动作可以燃烧腹部、臀部及腿部的脂肪。

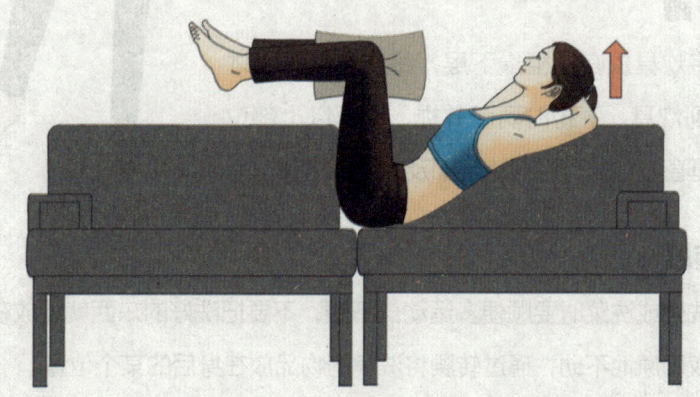

　　（2）坐在沙发上，两腿向前伸直，双手向后交叉，将前胸尽量贴在腿上，注意不要弓背。这个动作能够使胸部肌肉更紧实，同时锻炼腰、臀部肌群。

　　（3）坐在沙发上，双腿并拢，两手在脑后交叉。上身向前倾，贴在腿上，注意上身始终保持挺直。这个动作可以保健腰腹部。

（4）坐在沙发上，两臂伸直，双腿并拢，大腿向上抬，与沙发面成45度，上身保持不动，两腿交叉。这个动作可以消除腹部、臀部赘肉，塑造大、小腿线条。

（5）一腿伸直，另一腿弯曲侧躺在沙发上，双手在胸前交叉，上身向弯曲腿相反方向侧弯。可以燃烧腹部脂肪，拉紧大腿外侧线条。

（6）仰躺在沙发上，一腿伸直，另一腿弯曲。将弯曲腿向上伸直，与另一腿成90度。反复做5~10次。可以燃烧腰腹部脂肪，塑造腿部线条。

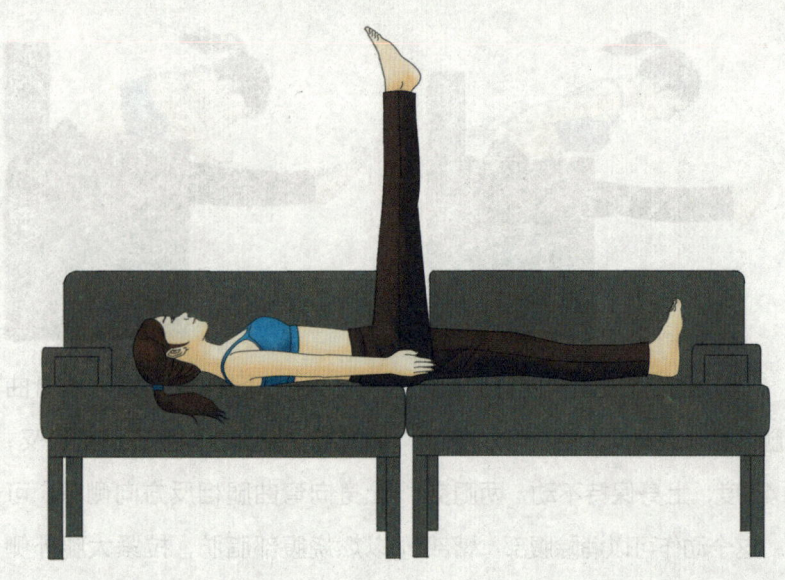

（7）侧身坐在沙发上，一腿伸直，另一腿弯曲成45度，上身保持直立，双手抱头，转动腰部成45度扇面，转动身体。

# 儿童健脑拉伸

《灵枢·海论》说:"脑为髓之海。"在中医看来,人的脊髓是先天的,而大脑是后天形成的。《黄帝内经》认为脑为阳,为"诸阳之会",脑部是所有阳经会聚的地方,入脑的经脉有督脉、膀胱经、肝经、胃经、奇经八脉中的阳经和阴经六条。

脑的主要生理功能有主宰生命活动、主精神意识和主感觉运动。

## 1. 主宰生命活动

《本草纲目》中说"脑为元神之府",大脑主宰人体的生命活动。元神存则生命在,元神败则生命逝。得神则生,失神则死。

## 2. 主精神意识

人的精神活动,包括思维意识和情志活动等,都是外界客观事物反映于脑的结果。脑主精神意识的功能正常,则精神饱满、意识清楚、思维灵敏、记忆力强、语言清晰、情志正常;否则,便会出现精神思维及情志方面的异常。

## 3. 主感觉运动

眼、耳、口、鼻、舌等五脏外窍,皆位于头面,与脑相通。人的视、听、言、动等,皆与脑有密切关系。

脑髓充则神全,神全则气行,气行则有生机、感觉和运动,所以我们一定要好好地保养自己的大脑。

儿童时期保健大脑是非常必要的,现在大家都信奉一些保健品保健法,其实拉伸是一种最健康、最安全的保健大脑的方法。

（1）自然站姿，双手叉于腰际。

先将头部慢慢上仰，保持数秒后再用力下压，慢慢增加力度。

然后，头部向左右两侧用力下压，最后头部按顺时针和逆时针两个方向，在空中做圆周运动，充分伸展后全身放松。

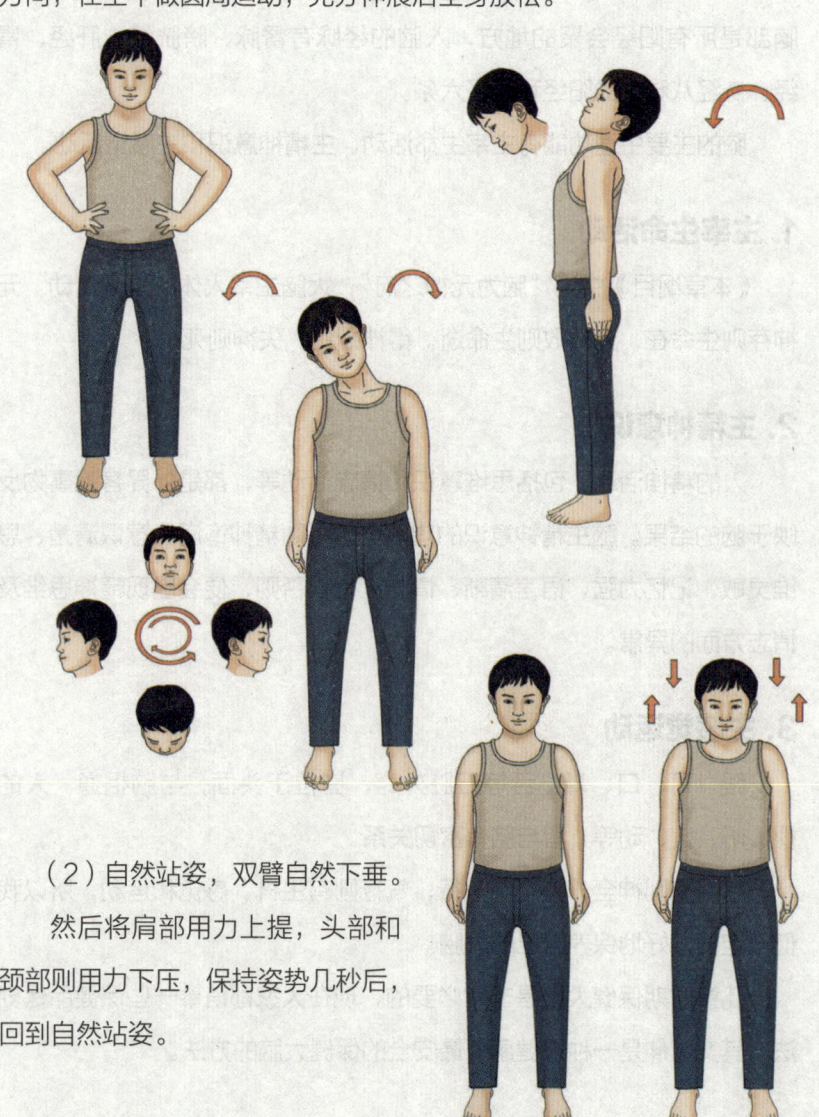

（2）自然站姿，双臂自然下垂。

然后将肩部用力上提，头部和颈部则用力下压，保持姿势几秒后，回到自然站姿。

（3）自然站姿，双臂垂于两侧。

然后慢慢将双臂向后抬起，直到最大限度，保持姿势几秒后，回到自然站姿。

（4）自然站姿，双手在胸前合掌，十指交叉。

然后双臂前举的同时，使头部向下垂于双臂中间，保持姿势几秒后，慢慢回到初始姿势。

（5）自然站姿，双手在胸前合掌，十指交叉。

然后，上半身向左右两侧充分旋转，随着次数的增加慢慢加大转动幅度，最后回到初始姿势。

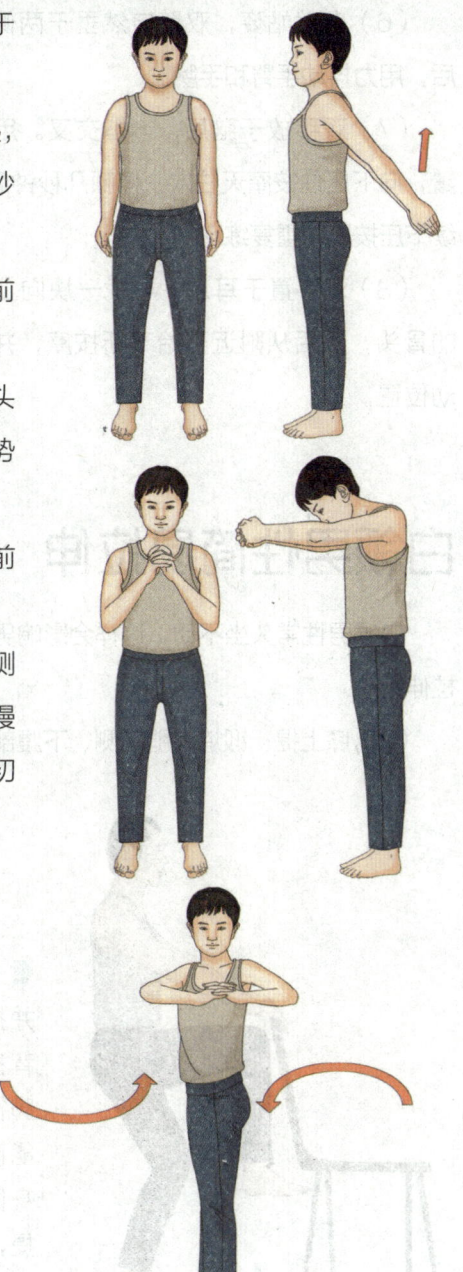

（6）自然站姿，双臂自然垂于两侧，放松手腕后，用力抖动手臂和手腕。

（7）双手放于脑后，十指交叉。用大拇指的力量，向下压住按摩天柱穴，停顿几秒钟后收回，再继续下压按摩，重复练习10次。

（8）双手置于耳后，寻找一块向上隆起的坚硬的骨头，然后从附近开始不断按摩，并不断向下移动位置。

# 白领男性简易拉伸

白领男性常久坐不动，这样会影响男性性功能，所以建议大家多做拉伸运动。

（1）膝上提：锻炼大腿前侧、下腹部肌肉。

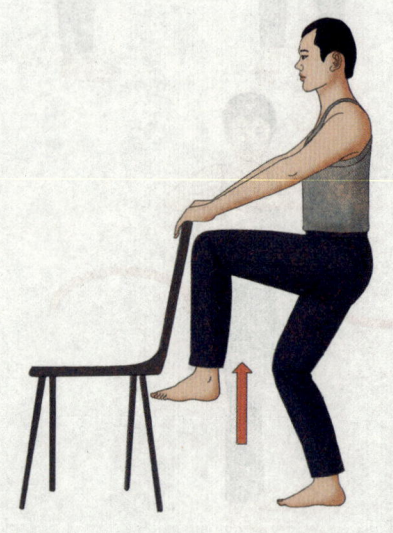

◀ 站在椅子背后，双手握住椅边并撑住。提气、挺胸、缩小腹，背挺直。先吸气，吐气时屈膝把脚往上抬，脚上提程度视个人体能而定。背部挺直，大腿尽量与身体呈90度；或者以单脚屈膝上提，较省力。

（2）膝上提之伸展运动。

▶ 站在椅子背后，也可改成墙壁、桌子前。单脚提起，以同侧的手抓住脚踝，另一手扶住椅背。保持20秒钟，感觉大腿前侧肌肉紧绷。支撑脚的膝盖要稍微放松弯曲，可避免韧带受伤。身体挺直不要前倾。

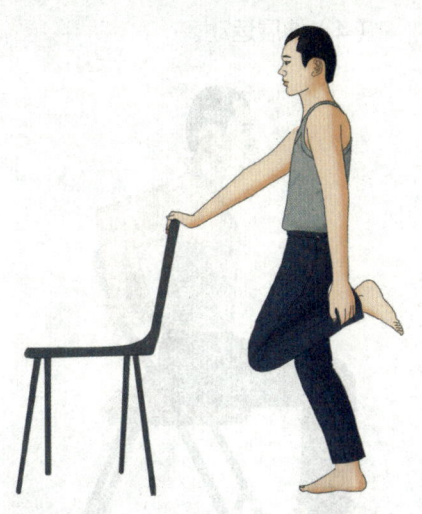

（3）伏地挺身：此动作可以锻炼胸大肌及后手臂。

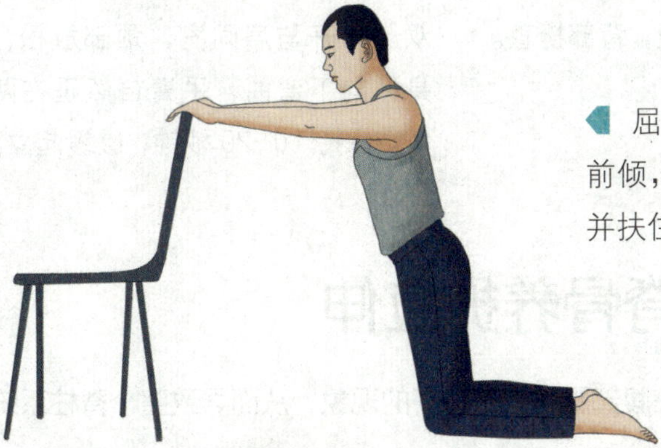

◀ 屈膝跪姿，身体稍微前倾，背挺直，双手朝前并扶住椅边。

◀ 吸气时重心往下压，吐气时肘关节放松，将身体上推。下压时的角度因人而异。

（4）伸展运动。

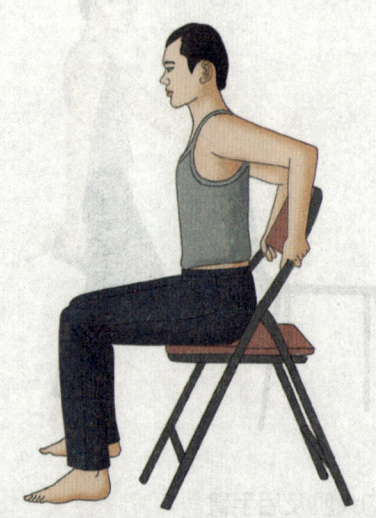
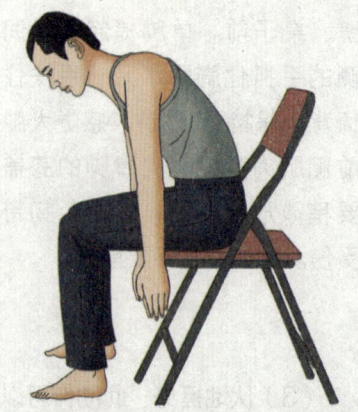

🔺 坐在椅子上，双手反抓住椅背，提气、挺胸、缩小腹，背部挺直。持续20秒钟。

🔺 使背部肌肉放松。坐在椅上，双脚分开与肩同宽，颈部放松，身体向下弯曲，手臂自然垂在两侧，保持10~20秒钟，缓缓起立。

## 老年人的脊骨养护拉伸

老年人普遍存在腹部脂肪组织较多的现象，从而导致整个脊柱系统不平衡、不对称，尤其是骨骼和肌肉，老化、劳损等毛病接二连三。对此，我们为老年朋友推荐一份脊骨养护体操套餐，包括卧式、坐式及站式，可以单独进行，也可以配套进行。常做此操能增强腹直肌、减少腹部脂肪化，维持脊柱的生理动态平衡。

## 1. 站式旱地蛙泳运动：改善和增强脊柱功能

◀ 双腿绷紧靠拢，脚尖着地，上下弹动。

▶ 双手做蛙泳式划动，呼吸也像蛙泳时一样尽量深呼深吸。所不同的是蛙泳手臂的动作主要是在胸前，而此运动的重点是手臂在后时要用力提臂，有夹紧肩胛骨之感。反复做2分钟。此运动的注意力应放在左侧身体上，常做可有效改善和增强脊柱的运转力、指挥力和呼吸力。

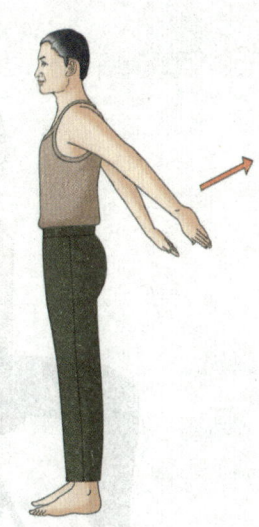

## 2. 卧式船体运动：强脊、健腰、直背

常做此操不仅可强脊、健腰、直背，还能强化腹部肌肉、加强胃肠运动、提高肛门肌紧张力、锻炼泌尿系统等。

◀ 趴在床上或地上，以腹部为整个身体的支撑点，头、腿部向后用力翘起，注意双腿靠拢绷紧、脚尖绷紧。

◀ 双臂向前伸直，双手立掌，掌心向前，整个身体好似一条"人船"。反复做5次。

**3. 坐式拉伸腹肌运动：增强腹肌，维持脊柱平衡**

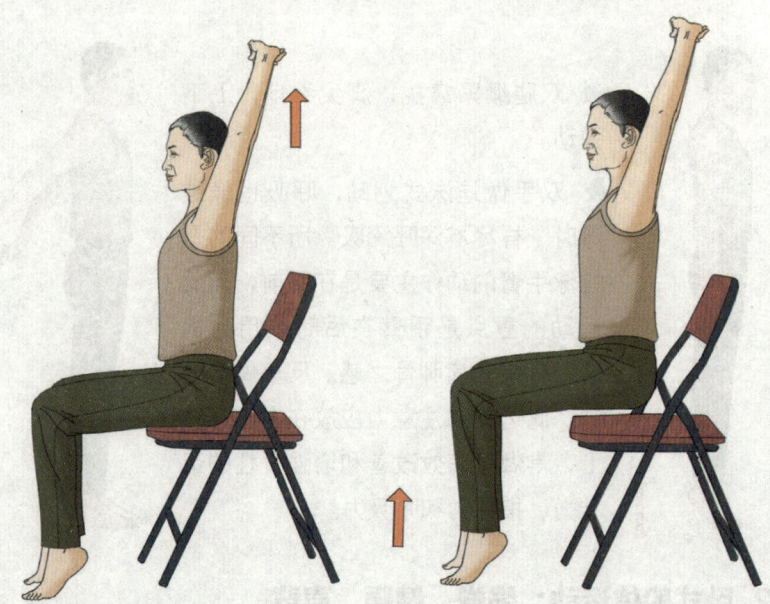

▶ 坐在椅子上，脚尖着地，双腿约分开20厘米；大腿与小腿成90度直角，双臂伸直在头顶部，双手手指交叉翻转掌心向上。

▲ 然后向后伸展、弹动，并收腹；吸气时脚尖用力弹起，尽量使臀部离开椅子。这个运动的重点在于腹部肌肉的拉伸和脊柱体反弓状弹动，使四肢与手指末梢肌肉得到加强型运动，反复做2分钟。

# 防治老年骨质疏松的拉伸

为什么人老之后，骨质会疏松？《黄帝内经》中说，五脏之中，肾主藏精，主骨生髓。肾精可以生化成骨髓，而骨髓是濡养我们骨骼重要的物质基础，人过了五六十岁，肾气开始减弱，肾精不足，骨头中的骨髓就相对减弱，进入一种空虚的状态；骨髓空虚了，周围的骨质就得不到足够的养分，就退化了，疏松了。

尽管骨质疏松是人体一种正常的生理过程，但它并不是不可避免的。拉伸就是一个很好的方法：

## 1. 颈椎骨质疏松

取坐位或站位，依次做颈椎的前屈、后伸、左右侧屈、左右旋转及环转等动作。注意动作应缓慢、柔和，运动到最大关节活动时维持 2 秒钟，每个动作 10 次，一天进行 2 次。

## 2. 腰椎骨质疏松

取站位，腰部左右旋转；取坐位，以左手碰右脚，右手碰左脚；仰卧起坐；取仰卧位，双髋双膝屈曲，双脚撑于床面，尽量将臀部抬离床面。每个动作重复 30 次。

## 3. 膝关节骨质疏松

坐位，膝关节屈伸运动，也可根据自己的情况在踝关节处绑适度重量的沙袋，每次 50 下，每天 2 次；踩固定自行车，每天 30 分钟。